YOUERYUAN XIANGMU HUODONG
ZIYUAN KAIFA SHIJIAN YANJIU

幼儿园项目活动
资源开发实践研究

彭海霞——主编

东北师范大学出版社
NORTHEAST NORMAL UNIVERSITY PRESS

图书在版编目（CIP）数据

幼儿园项目活动资源开发实践研究／彭海霞主编．
－长春：东北师范大学出版社，2023.11
ISBN 978-7-5771-0894-0

Ⅰ．①幼… Ⅱ．①彭… Ⅲ．①活动课程－教学研究－
学前教育 Ⅳ．①G613.7

中国国家版本馆 CIP 数据核字（2023）第 240922 号

□责任编辑：逯　伟　□封面设计：品诚文化
□责任校对：冀爱莉　□责任印制：许　冰

东北师范大学出版社出版发行
长春净月经济开发区金宝街 118 号（邮政编码：130117）
电话：0431—85690289
网址：http：//www.nenup.com
东北师范大学出版社激光照排中心制版
四川金鹏宏达实业有限公司印装
成都市金牛高新技术产业园区振兴路 66 号（邮政编码：610037）
2023 年 11 月第 1 版　2023 年 11 月第 1 版第 1 次印刷
幅面尺寸：165mm×240mm　印张：11.75　字数：174 千

定价：68.00 元

编委会

序

　　幼儿园项目活动是一种以幼儿的兴趣和需求为出发点，以问题解决为导向，以合作探究为过程，以多元表达为结果的综合性课程形式。它不仅能够促进幼儿在认知、情感、社会、艺术等多方面得到发展，而且能够培养幼儿的创造力、批判性思维、自主学习和团队合作的能力。幼儿园项目活动的实施，需要教师有丰富的专业知识和教学技能，也需要有充足的教育资源和环境支持。在这方面，本土资源的开发和利用，具有重要的意义和价值。

　　本土资源是指幼儿园所在地区的自然生态和文化生态方面的资源，包括本土地理、民风民俗、传统文化、生产和生活经验等。它们是幼儿生活的基础，也是幼儿学习的素材。开发和利用本土资源，可以丰富幼儿园课程的内容和形式，激发幼儿的学习兴趣和动机，增强幼儿的文化认同和归属感，传承和创新本土文化，促进幼儿园与社区的互动和融合。

　　本书是成都市温江区实验幼儿园彭海霞园长的一本专著，也是课题"幼儿园项目活动资源开发实践研究"的研究成果。本书系统地介绍了幼儿园项目活动资源开发的理论基础、实践路径、效益评价和案例展示，是一部具有理论深度和实践指导性的优秀著作。

　　本书阐述了幼儿园项目活动资源开发的内涵、特征、意义、原则、方法和策略，及其与幼儿园课程改革的关系。作者在充分借鉴国内外相关文献的基础上，结合自身的教育实践和研究经验，提出了一系列具有创新性和针对性的观点和建议，为幼儿园项目活动资源开发提供了有力的理论支撑。

　　本书介绍了幼儿园项目活动资源开发的实施过程、实施效果和实施反思，以及在实施过程中遇到的问题和解决办法。作者以自己所在幼儿园为例，详细地描述了如何根据项目活动的三大分类原则，对班级和园级的资源进行梳理和优化，如何根据幼儿的兴趣和需求，选择和设计适当的项目活动主题，如何根据项目活动的三个阶段，组织和指导幼儿进行资源的收集、开发、利用和评价，如何运用多种方式，展示和分享项目活动的成果和经验。作者还通过问卷调查、访谈、观察、记录等多种方式，对项目活动资源开发的效益进行了全面的评价，从教师、幼儿、家长、社会等多个角度，分析了项目活动资源开发对幼儿园课程建设、教师专业发展、幼儿综合素养、家园合作、社区参与等方面的积极影响。

本书展示了幼儿园项目活动资源开发的典型案例，这些案例生动地展示了幼儿园项目活动资源开发的具体内容和形式，反映了幼儿园项目活动资源开发的丰富多样和创新活泼，体现了幼儿园项目活动资源开发的实践价值和教育意义。

本书是一部集理论与实践于一体的幼儿园项目活动资源开发的研究成果，是作者多年来对幼儿园项目活动资源开发的探索和总结的结晶，也是作者对幼儿园课程改革的贡献和见证。本书不仅为幼儿园项目活动资源开发提供了一条清晰的思路和方法，也为幼儿园课程改革和教育创新提供了一种有益的借鉴和启示。本书是一部值得广大幼儿园教师和教育工作者阅读和学习的好书，也是一部值得高校师生和研究者参考和借鉴的好书。在此，我向广大读者推荐这本书，希望它能够为幼儿园项目活动资源开发和幼儿园课程改革带来新的启发和动力。

四川师范大学基础教育研究院　杨其勇

2023 年 12 月 15 日

目　录
CONTENTS

第一章

幼儿园项目活动资源开发实践现状与问题分析

一、项目活动国内外现状与分析

项目活动是指师生通过共同实施探究一个完整的项目学习而进行的教学活动，其目的在于促进学生能力的发展。自 20 世纪 70 年代以来，教育研究的重点从教师如何教转向学生如何学，以"学生、项目、实际经验"为中心的项目教学法开始受到学者的普遍关注。项目教学法是一种倡导在情境中合作学习的教学方法，其本质是围绕一个问题来组织和开展活动，最终形成解决问题的方案。通过完成项目活动，学生获得相关知识与技能，并发展相关能力。Thomas（托马斯）为统一项目教学法的定义，提出了项目应具备的五个标准：中心性（项目是课程的中心和主要教学策略）、建构性（学生通过活动建构对新知识的理解）、驱动性（采用问题驱动学生理解学科核心概念和原则）、自治性（学生拥有更多的自主权、选择权和无教师督促的学习时间）、真实性（问题来源于现实生活）。近年来，项目教学法的应用日趋广泛，为了呈现项目教学法的发展现状，笔者将从以下三个方面进行详细的梳理和论述。

（一）项目教学法的国外研究现状

"项目教学法"最早见于美国教育家凯兹和加拿大教育家查德合著的《项目教学法》一书中。项目教学法理论认为：知识可以在一定的条件下自主建构获得；学习是知识、技能与行为、态度、价值观等方面的长进；教育是满足学生长进需要的有意识、有系统、有组织的持续交流活动。

1918 年，美国教育家 Kilpatrick（基尔帕特里克）首次提出了"项目学习"的概念，20 世纪 60～70 年代，项目教学法被广泛应用于美国等发达国家的中小学教学中；20 世纪 80～90 年代，项目教学法在高等教育、职业教育、成人教育和基础教育中得到广泛应用。此时的项目教学既有实地项目研究，也有网络支持的远程协作项目研究，是各国教育改革的重要方向。国外关于项目教学法的研究主要聚焦于四个方面：模式研究、效果研究、实施应用以及资源设计。

（1）模式研究。Moss（莫斯）和 Van Duzer（凡·杜泽）提出了成人英语学习的项目教学基本步骤：师生共同讨论，确定项目主题；学生合作制订计划并开展研究，教师指导学生进行合作分工；学生交流分享项目成果。Beckett（贝克特）等人调查发现，部分英语学习者对项目教学法持否定态度，认为英语教学应专注于语言点的学习，而项目的开展浪费时间。为改变这一现状，其研究优化了项目教学的模式，具体包括四个阶段：教师展示项目框架，说明项目学习的目标和计划；学生小组讨论确定项目主题，明确通过项目应达成的语言、知识和技能发展的目标；学生实施项目，每周撰写项目日记，记录本周的活动以及在语言、知识和技能方面的收获与不足，教师每周检查项目日记并提供反馈；项目完成，师生交流总结。该模式使学习目标显性化，帮助学生意识到在项目学习中语言、知识和技能三方面的收获。

（2）效果研究。项目教学的活动具有极强的互动性和整合性，将其应用于语言教学中，不仅能有效训练、提高学生的语言技能，而且能促进学生认知和社交能力的发展。Srikrai（斯里克瑞）对某大学英语辅修课的学生和教师进行了长达三年的跟踪访谈，发现学生能够意识到项目学习的价值和益处，同时对英语学习，特别是听力和口语更有信心和动力。Bell（贝尔）认为，项目学习能使学习者具备 21 世纪所需的技能，例如，规划构建项目能增强学生的自主性，小组合作阶段能提高学生的沟通能力、谈判能力以及合作能力，网络技术的支持能提高学生的创造性等。Dooly（杜里）和 Masats（马萨茨）探讨了如何将项目教学法融入英语语言的学习中的方法，他们认为项目教学法能够让学生在完成真实任务的过程中自然而然地获得综合技能，实现以写促听、以读促写、以说促写的目标。

（3）实施应用。对于项目教学法的研究，学者更关注的是其在具体真实情境中的实施和应用。国外开展项目学习的实践经验比较成熟，具有注重培养学习兴趣、关注全面发展、学科跨度大、课程组织与评价形式灵活等特点。加拿大学者 Sylvia C. Chard（西尔维亚 C. 查德）教授和美国学者 Lilian G. Katz（莉莲 G. 凯茨）教授共同研发了一种以学生为本的项目活动，其基本框架包括三个阶段：项目学习的开始、开展、结束，包含五组关键环节：讨论、实地考察、表达、调查、展示，五组关键环节在三个阶段灵活穿插应用，学生可以选择合适的方式来完成项目。该项目在北美广泛使用，颇受儿童教育者和家长的好评。它不仅适合在英语教学环境下使用，在其他语言环境下同样适用。美国学者在摩海德州立大学的大学英语专业学生写作课程中，采用了以"项目"为动力的项目教学法，使项目贯穿写作全过程，不仅提高了教学效果，而且培养了学生的合作精神、创新意识等综合能力。

（4）资源设计。Simina（西米那）和 Hamel（哈梅尔）以在 Web Quest 平台上开展的探索伦敦课程为例，介绍了在线应用程序 Web Quest 在语言项目学习中的应用方法。在该课程中，学生两人一组，安排为期一周的伦敦旅游行程，要求撰写出一份旅行日程小册子，并通过 PPT 展示成果。Web Quest 平台由六个模块组成，绪言模块提供测验，测试学生对伦敦的已知信息，激活学生的思维定式，促进学生构建新旧知识的联结；任务模块明确说明每个学生的职责，指出活动训练的技能；资源模块提供网站链接；过程模块描述完成任务的具体步骤；评估模块提供学生学习的评价标准，促使学生反思；学分模块包括参考资料和在线词典等其他资源。Dooly（杜里）等人概述了为期 10 周的计算机辅助沟通（CMC）的语言项目教学研究，该项目使用视频会议和动画电影（带有动漫人物形象的短视频），向 7~8 岁的语言学习者介绍与个人卫生、体育活动和饮食有关的习惯。学生获得某主题的新信息后，可应用这些信息进行面对面（与同学）和在线（与远程合作伙伴）交流，以解决与该主题相关的问题。

（二）项目教学法的国内研究现状

相对于发达国家的研究，我国对项目教学法的研究起步较晚，1998 年项目教学法的概念才被正式引入我国。2000 年，项目教学法被引入职业教育中。在中国知网上以"项目教学法"为主题词对文献检索发现，自 2007 年起，关于项目教学法的文献大量增加。对项目教学法的研究层次分布进行分析可以发现，项目教学法的研究层次非常广泛，但主要集中在基础研究（22.78%）、工程技术（18.73%）、基础与应用基础研究（14.81%）、行业指导（14.22%）等四大领域，教育领域的相关研究相对较少，其中高等教育占 10.85%，基础教育和中等职业教育占 7.15%。

国内对项目教学法的研究主要集中在以下四个方面，一是项目教学法的内涵及理论基础；二是项目教学法的具体实施过程及其效果；三是项目教学法应用过程中的问题；四是教师在项目教学法中的角色定位。

（1）项目教学法的内涵及理论基础。张龙娟认为，项目教学法是师生通过共同实施一个完整的项目而进行的教学活动，并根据项目教学法的情境性、主体性、培养内驱力等特性，提出其理论基础为建构主义学习理论，认为学习是在具体的情境中发生的，教师要为学生的学习创设情境，学生只有从情境中获取的体验才是真实有效的。此观点为项目教学法提供了强大的理论基础，对推动项目教学法在英语教学中的应用发挥了积极作用，对英语教学改革具有重要意义。

（2）项目教学法的具体实施过程及其效果。很多研究表明，应用项目教学法可以提高学生的学习积极性和自主性。顾佩娅在苏州大学开展了多媒体项目教学改革实践，旨在探讨项目教学法在优化语言学习环境、培养创新型外语人才方面的可行性。她阐述了项目教学法实施的具体步骤：前期准备，教师接受项目教学法和计算机操作的培训；项目启动，帮助学生明确学习目的和要求，进行基本技能培训；项目小组工作，小组成员准备书面研究报告和多媒体网页创作；项目总结与评估，项目小组进行项目成果交流和评估。结果证明，多媒体项目教学法有助于提供大量语言摄入和产出的机会，促进真实、广泛的语言交际，创建合作学习、自主学习的氛围，对培养社会急需的，有综合语言能力的创新人才极其有利。

（3）项目教学法应用过程中的问题。朱枫通过检索 CNKI 数据库中 1998～2009 年间的文献，探讨了应用项目教学法时应考虑的问题，如项目教学法与高等教育培养目标的契合度、与课程体系的匹配度，项目教学法的实施环境以及项目教学法的跨学科性。袁建伟通过对当前高职英语项目化教学改革现状的系统分析，总结出高职英语项目化教学改革主要存在英语课程整体设计不规范、简单地把项目化教学等同于情境教学、实践性教学环节不足、英语项目化教学计划缺乏弹性及考核方式单一、滞后、缺乏"双师型"教师等五个方面的问题。由此提出了联合行业专家组成专家组进行课程整体设计与项目开发、依托校外实训基地群大力加强实践教学环节、完善考核方式注重过程考核、大力加强"双师型"师资队伍建设等改进对策。

（4）教师在项目教学法中的角色定位。很多研究表明，教学中心的转移对教师提出了更高的要求，教师既要同时担任组织者、合作者、指导者和评估者，又要和学生共同经历探索、领悟、解决问题的过程，而且大班授课的方式不利于教师在同一时间内指导班级所有学生进行项目学习。因此，教师最好将班级的学生分成若干小组，让学生轮流进行语言项目学习活动，以便充分关注每个学生的学习状态，为他们提供及时的指导。此外，教师应针对学生的特点，开发基于项目的校本课程和适应未来生活、工作需求的项目，为学生将来的生活和工作打下坚实基础。

（三）项目教学法研究的发展趋势

国内外对项目教学法的研究取得了一些成果，多数研究表明，项目教学法对教学有积极的影响。但与发达国家的研究相比，我国在这一领域起步较晚且缺少科学的实证性研究，总体研究水平有待深入。

1. 理论层面

主要包括以下三个方面：一是在课程设置方面，我国推行的项目教学法和教学实践存在脱节现象，因此如何编写以课程标准为核心的项目设计与计划过程，使项目成为课程的核心，将成为研究的重点问题。二是在教学评价方面，应进一步开发项目教学法评价体系，对具体评价标准进行详细的分类描述，充分考虑如何平衡项目教学中追求项目效果和各种考试成绩之间的冲突。三是在形成性评价方面，应关注学生项目实施的过程，适时开展学生自评和教师评价，确保每个学生都积极参与项目学习。

2. 技术层面

随着信息技术的快速发展和实践教学的逐步深入，在线项目学习逐渐成为研究热点。一方面，要开发基于已有网络平台的项目教学方法，这些平台具有用户基数大、技术门槛低、互动性强等优势，在教育应用中具有广阔的前景。另一方面，可以创建专门支持项目学习的软件或平台，使项目教学法更为系统化。该类平台能强化教学过程中的管理，减少无关信息的干扰，优化教育资源配置，从而更好地组织项目学习。此外，将微课模式融入项目教学中，以一个项目为一个学习单元，根据课程内容需要来建设微课，建立一个立体型学习资源库，既有利于学生知识的系统化，又可以满足学生个性化发展的需要。

总体而言，在项目教学法的研究上，欧美发达国家更为深入和系统化，理论研究更为成熟，应用经验更加丰富。我国的研究起步较晚且缺乏系统性，但发展较为迅速。具体而言，在研究方法上，欧美学者多采用实验研究，注重项目教学法的应用和相关技术的开发，我国学者则理论研究偏多，且大多采用观察、问卷调查和访谈等方法，实验研究较少。在研究层次上，欧美学者的研究涉及教育领域的各个层面，国内研究则主要集中在职业教育和高等教育上。在研究角度上，欧美学者的研究多从学生的角度展开，通过项目学习来培养学生的学习兴趣，满足学生的个性化发展需求，国内研究则多从教师角度开展，探讨教师如何实施项目教学法，如何定位角色。总之，项目教学法的发展仍有待深入，需要教育工作者根据项目教学法的研究现状，从理论、技术两个层面提出该研究的发展趋势。聚焦于项目教学法的实际应用，拓宽应用领域，探索更有推广价值的研究成果。

二、资源开发与利用研究

幼儿园项目活动资源的研究在国内外都处于萌芽阶段，还没有研究者系统地进行探讨与研究，更没有直接的成果。为了更好地推进这一课题的研究，我们在调研中扩大了范围，希望能在各学段项目活动资源的开发与利用中收集有效的信息，全方位地诠释项目活动资源对项目活动实施的影响，最终形成支持幼儿园项目活动开展的资源库、资源开发的途径方法以及资源开发成效的评价标准等，丰富幼儿园项目活动研究的成果。下面我们主要从凸显问题和经验借鉴两个方面论述。

（一）凸显问题：课程灵活走向成为资源开发与利用的"难点"

项目教学法源自美国教育家杜威倡导的"做中学"。杜威主张教师围绕真实的问题或挑战设计一系列的体验和探究活动，要求学生综合运用多种学科知识与技能来解决问题，并将最终的学习成果予以表达、交流与展示。以项目教学法为路径开展综合实践活动，需要学校和教师规划和设计系统、完整的综合实践活动课程，并建立相应的资源体系。

1. 大多数幼儿园并未根据课程内容建立系统的课程资源

因项目活动具有"生成性"特征，大部分幼儿园将项目活动的主题设定全权交给教师，对班级项目活动的开展缺少指导与整体规划，常常出现"马后炮"或以收集与整理的形式确定项目课程内容的现象。课程资源以"固有"资源为主，甚至出现资源决定课程内容、有什么资源开展什么样的课程的现象，从而导致课程内容单一，缺乏系统性和科学性。国家在各种课程标准中都提出了"采取多种方式，加强课程资源建设"的要求，可见我们应根据课程内容建设课程资源。因此，在"园本化"项目活动课程内容下建立课程资源是必要条件之一，它要求幼儿园充分发挥教师在课程资源建设中的主体作用，鼓励和支持教师根据当地实际，充分挖掘并有效利用一切可以利用的课程资源，为幼儿学习和教师教学的有效实施创造有利条件。这些都为课程资源开发指明了方向，而资源开发与利用必须依据课程方案和课程标准，坚持课程资源的教育属性。

2. 幼儿园教师缺乏将"资源"转换为"课程资源"的能力

项目活动的实施具有预设的前瞻性与活动过程中即时的挑战性，这加大了教师将资源转换成为"课程资源"的难度。主要表现在以下三点：

一是教师对课程资源的认识与运用不足。教师开发幼儿园项目活动课程资源的能力薄弱。首先教师未明确课程资源开发的目的，资源是为践行课程目标与提升幼儿核心素养而开发的。在项目活动的实施过程中，教师缺乏系统的资源意识，资源利用缺乏计划，更多关注理论知识，以讲述的方式与幼儿互动，没有重视幼儿与周围环境的互动，教师缺少激发、鼓励和指导幼儿运用多种感官获得经验的行为。其次，教师缺少多领域知识的融合，资源开发目标单一。根据课程资源开发目标，选择适合幼儿发展需要的内容是课程资源开发的重点。幼儿年龄特征和个体认知规律的不同，要求教师选择的资源内容体现层次性和可选择性。

二是对现有资源不够了解，缺乏挖掘和利用。首先，教师对项目活动类型不明晰，在项目活动资源开发过程中，大多数教师"主观性"较强，容易形成"大一统"的观念。因前期缺乏调查，又未做分配计划，资源利用匹配度、针对性不强，未能对班级、园级、社会资源进行分类及针对性开发与利用，以至于幼儿在使用资源时仅是表面摆弄，缺乏专注力及有价值的探究。由此可见，提前拟定项目课程内容与制订资源匹配使用计划是非常重要的，有助于幼儿在课程实践中获得多样化的经验。其次，幼儿与资源的有效链接性不强。幼儿作为项目活动的主体，呈现出对资源使用的拘谨性与被动性，具体表现在：一是材料投放随意零散，数量种类层次不分，以至于幼儿在活动中利用资源缺少目标性，未能激发幼儿深入探究与高阶思维的发散；二是在活动中幼儿运用资源存在安排现象，老师安排或指导幼儿用什么，幼儿就用什么。教师缺少放手与激发幼儿主动思考操作材料、探索环境的有效策略，剥夺了幼儿自主探索材料的机会。

三是资源形式单一，资源运用成效不佳。首先，幼儿园项目活动资源收集以图片提供、调查问卷、文字书面材料居多，以文本式材料资源的提供去支持幼儿项目活动中的调查、链接，不利于班级项目活动的持续开展；其次，教师获取资源的路径较为单一，主要停留在查找资料、收集图片、调查访问等陈旧的方法上。与班级的课程建设、活动的开展组织过程、师幼互动同伴互动，以及教师对幼儿活动行为的观察等资源缺乏有效思考与联动。以上问题产生的主要原因是教师对项目活动资源的开发利用缺乏儿童观，以资源为中心，为开发而开发。部分教师对幼儿活动和材料的关系认识不够，对如何为幼儿提供适宜的材料和指导缺乏研究和思考，因此，在幼儿园经常能见到教师管得多、指导得过多的现象，这在一定程度上剥夺了幼儿自我探索和发现、思考的机会，没有形成真正的资源意识。其次，部分教师的专业能力不足。教师的专业能力不仅体现在资源意识上，还体现在活动资源挖掘和利用能力上，这种能力是在充分提高资源认识的基础上不断实践积累并不断完善的。拥有活动资源开发和利用的能力，教师才能真正胜任幼儿园教工作。部分教师在项目活动资源开发和利用上存在问题的根源就在于能力不足。

（二）经验借鉴

1. 重视课程建设中开发与利用课程资源的价值

首先，有关学者对课程资源开发的价值和意义给予高度评价。程方生（2003）认为，开发与利用幼儿园课程资源可以丰富幼儿园教学内容，从而形成乡土化、个性化、多样化的幼儿园课程；虞永平教授（2002）指出："课程资源的开发被认为是为教师参与课程研究创造条件，刺激教师的参与性，增加教师之间对话和交流的可能性。"Kirsten（柯尔斯顿）（2012）认为，预先包装好的教学资源的呈现，是对教师复杂工作问题的一种常见而明智的解决方法，有助于解决教学时间、资源、教学理念和教师技能等问题。墨雪梅（2006）指出，开发园本课程资源能够促进儿童的全方位发展、幼儿教师的专业素养成长，还可以打造幼儿园特色。贾周芳（2020）指出，幼儿园利用户外课程资源的主要途径有通过对师资培养、安全保护等构建教学支持系统，通过运用计算机技术建立课程资源信息库。同时，教师可以利用自身的课程资源促进其他课程资源优化发展。颜晓燕、李生兰（2008）等在有关文章中重点论述了对家长资源、社区资源以及自然资源的研究和运用，特别突出了有效利用园外课程资源的重要意义以及面临的问题，并建议幼儿园教师在对园外课程资源类型开展全面了解研究的基础上进行资源利用活动，逐步建立园外课程资源库。

由上述论述可见，研究者通过实践案例高度认同课程资源开发对课程建设的意义与价值，有以下几个重要价值认同：第一，课程资源对课程内容建设的重要性；第二，建立体系的资源包有利于教师更好地实施课程；第三，重视教师在课程实施中使用资源的情况，关注资源的过程性创生；第四，重视幼儿园内的人和物资源，强调社区发展方面的重要性。

2. 分类整理资源，不断补充资源包

在开发与实施综合实践活动课程资源时，必须客观分析当地状况，找准开发课程资源的切入点，立足地方资源，从这些资源中找特色，以特色定位综合实践活动课程的资源体系，以项目式活动为依托，抓住幼儿的兴趣和发展需求，积极实施课程。这就要求我们清楚地认识到不是所有的资源都叫课程资源，让资源成为课程资源的前提是对它进行价值判断与资源盘点。资源包括当地的自然资源和文化资源，从环境方面讲就是幼儿园周围的动植物资源、气候资源、矿产资源、民间游戏、民间故事、民间文学、民间风俗、民间艺术和名胜古迹等；从空间方面来分，包括园所内资源和园所外资源。园所内资源即幼儿园设施、幼儿园的集体生活、幼儿与幼儿教师的已有生活经验等；园所外资源，具体来说有家长生活经验、技能，社区资源中的民间歌谣、音乐、庙会、婚嫁等，还有自然资源，如小河、树林、动物、植物等所有幼儿感兴趣的、对幼儿身心发展有益的资源。《幼儿园教育发展指导纲要》并没有规定统一的教材与教学参考，而现行的资源包已无法满足综合实践活动园本化实施的需要。因此，开发和利用课程资源作为项目活动实施的保障，是对资源包的有力补充。同时，应加强幼儿园项目活动中五大领域的联系与整合，从幼儿兴趣与发展出发设计课程并整合资源。

3. 定位幼儿园项目活动课程资源开发的主体

首先，重视环境间的交互关系，强调多主体间的互动性。幼儿生活在幼儿园、家庭与社会中，幼儿和幼儿园、家庭、社会等产生的联系，反映了多主体间的互动性。而项目活动也是多主体之间的联动，项目活动是幼儿探究的活动，但教师、父母及社会中的人和物都在不断交互联系。幼儿园在课程资源开发与利用的过程中要与这些人和物达到一种自然链接的状态，把幼儿的直接经验和间接经验延伸到项目活动中。

其次建立协同机制，聚焦多元合作。资源的开发、课程的建设不是园长、教师及家长的专利，不同项目活动中可能涉及的人和物均可参与到课程建设中来，当然这需要在教育理念、教育方式、利益诉求等方面达成共识，形成教育合力。教育主体可以是幼儿园的厨房阿姨，也可以是幼儿园门口的环卫工人，他们做的事情或说的话都可能成为教育资源。幼儿园要发挥教师在课程资源建设中的重要作用，鼓励和支持教师根据幼儿需求和周边实际，充分挖掘并有效利用一切可以利用的资源，为项目活动的有效实施创造有利条件。

最后，系统规划课程资源，提高资源的利用率。幼儿园要从地区优势出发，对课程资源开发进行整体规划设计。例如，教学部门要组织各年龄段教师开展课程资源需求和周边资源情况调研，看看哪些资源能够支持课程的开展，资源的类型有哪些，资源的形式是什么，等等。同时要立足幼儿园课程实际。如什么样的项目活动需要什么样的课程资源，合理规划不同年龄段、不同项目活动可使用的课程资源，包括使用资源的时间和频率等。

4. 建立课程资源开发利用管理体系

课程资源开发利用管理体系是园本课程长期实施与发展的重要保障。幼儿园必须在课程资源开发中给予幼师足够的教育权利，保证幼师在资源开发中的主导权。同时，为了切实验证园本课程资源效果，幼儿园应为幼师及幼儿提供良好的教学环境。幼师在对园本课程进行开发、对其余教学资源进行收集时，应当首先考虑资源的安全性，其次考虑幼儿的接受能力与该类资源利用的可行性。值得注意的是，在进行资源实践利用时，幼师不可强行限制幼儿，应为幼儿留出足够的自由度，给予其足够的自主权，同时给予幼儿科学、合理的引导，使园本课程资源的利用率达到最高。除了以上对策外，幼儿园还可积极吸纳资金，除政府划拨的项目专用资金外，还可接受社会各方面的投资，积极对园本课程资源进行维护。

综上所述，幼儿园课程资源的相关研究，除了要进行价值与特征分析外，对课程资源的分类与开发维度、课程资源开发利用的途径等也要进行阐述，并提出如何开发利用课程资源，将课程资源与幼儿园教育进行融合。

作为一种项目活动基础上的课程，我国大多幼儿园对于园本课程仍处于"摸索前行"的状态，换句话说，我国大部分幼儿园对于园本课程资源的开发及利用刚刚起步，尚处于不断探索的阶段。为了推进园本课程的发展，特别是项目活动的实施，笔者综合分析了我国幼儿园园本课程资源开发利用存在的问题及对策，以求实现园本课程资源的开发及利用的突破，早日形成相关管理体系，破解幼儿园在开展项目活动过程中遇到的各种问题，为项目活动资源开发研究提供理论和经验支持，为有同样困惑和需要的幼儿园提供思路和教学借鉴。

三、幼儿园项目活动与资源开发现状及分析

（一）幼儿园项目活动开展背景

2018 年全国教育大会的召开，充分体现了立德树人的鲜明导向，倡导德智体美劳"五育并举"，学前教育改革更是进入"以儿童为本"，支持幼儿全面发展的新时代，保教质量提升成为新时代学前教育的关注点。《中共中央、国务院关于学前教育深化改革规范发展的若干意见》中指出，要支持引导幼儿园充分利用当地自然和文化资源，合理布局空间、设施，为幼儿提供有利于激发学习探索、安全、丰富、适宜的游戏材料和玩教具。《幼儿园教育指导纲要》（以下简称《纲要》）指出：环境是重要的教育资源，应通过创设，并有效利用环境，促进幼儿的发展。《3—6 岁儿童学习与发展指南》（以下简称《指南》）指出：要珍视游戏和生活的独特价值，创设丰富的教育环境……最大限度地支持和满足幼儿通过直接感知、实际操作和亲身体验获取经验的需要。国家颁布的这些政策和法规指明了教育环境的重要性。近年来，各省（自治区、直辖市）大力实施幼儿园课程改革，鼓励幼儿园利用本土资源构建园本课程，鲜明倡导"以儿童为本"的全面发展思想，大力提升学前教育保教质量，对幼儿园发展提出了新的要求。

随着幼儿园课程改革日新月异，"以儿童为本"课程理念深入人心，尊重幼儿做中学、玩中学的学习特点，让幼儿以直接感知、亲身体验、实际操作为学习方式，在游戏、体验中建构经验，促进幼儿全面、个性的发展，成为幼儿园教育教学的主流共识。成都市温江区实验幼儿园在 66 年的发展进程中，传承生活教育历史，走科学教育道路，积极贯彻落实《纲要》《指南》精神，先后依托 10 项科研课题，进行教育教学改革，积累了较深厚的研究基础及园所文化底蕴，为促进幼儿的全面发展做出了积极努力。近两年来，幼儿园引入"STEM"学习方式开展项目活动，在强调以幼儿为主体的理念的同时，依托主题活动或幼儿感兴趣的内容进行深入探究。在此过程中，始终坚持"幼儿充分与环境、材料互动，在感知、操作中获得亲身体验"的观念，在项目活动的研发中不断引导幼儿与材料互动，促进项目活动有效持续深入开展。在项目活动资源的利用上，我们主张教师为幼儿提供贴近幼儿生活的，且常见易得的低成本低结构材料，并引导幼儿挖掘材料的游戏玩法，创造性支持项目活动的开展。同时，抓住项目活动具有生成性的特点，有意识地开发身边适宜的资源，积极利用周边文化资源，如本土鱼凫文化资源和园所周边的社区环境资源、自然资源，以及幼儿园环境资源，促进幼儿直接感知、亲身体验，实际操作。

（二）幼儿园已有的相关研究现状

温江区实验幼儿园在近几年的课题研究和项目活动研究中形成了"支持教师能力提升的有效路径与策略"和"幼儿园科学领域教玩具适宜性配置"的研究成果，创设了部分支持性环境，对园所骨干教师进行了系统的项目活动的学习培训，全园教师通过二次学习分享和书籍阅读，以及对大量案例的学习，熟悉了项目活动的内涵、特征和组织要素，具备了项目活动实施的初步能力。但由于对项目活动资源开发的认识不足与能力不够，教师对于项目活动的预设与生成性把握不足，对于如何有效开发资源以支持项目活动开展依然存在困惑。另外，幼儿使用材料的持续性、专注度不够，导致其参与活动的主动性较差；家长对项目活动的认同不足，支持配合不足。这些都影响着幼儿更好地获得建构和能力的发展，更好地在与周围环境材料的互动中获得情感、行为、品质和能力的发展。

目前，幼儿园项目活动资源的研究在国内外都处于萌芽阶段，还没有研究者进行系统的探讨与研究，也没有相关成果的形成。而我园前期进行的省、市、区三级课题"科学领域教玩具配置适宜性研究"，对支持幼儿发展的材料与环境进行了深入研究，其成果见证了幼儿的发展、教师观念的转变及相关能力的提升。因此在后期进行项目活动研究时，我们对支持项目活动开展的资源也有了一定的思考并产生了研究的想法，所以拟通过本课题研究，全方位地诠释项目活动资源对项目活动实施的影响，通过形成支持幼儿园项目活动开展的资源库、资源开发不足的途径方法以及资源开发成效的评价标准等，丰富幼儿园项目活动研究的成果。

基于支持项目活动开展的资源开发相关研究甚少的现状，以及我园在项目活动开展过程中面临的资源开发不足的现实问题,我们幼儿园申报了"支持幼儿园项目活动开展的资源开发研究"课题,并得以立项。我们围绕幼儿园项目活动开展,围绕项目活动的目标和内容,从人力资源、物质资源和信息化资源等方面进行开发研究。从园本研训、环境创设、材料配置和信息技术平台构建等路径,研究形成支持项目活动开展的资源库,形成资源开发成效的评价标准,破解幼儿园在开展项目活动过程中遇到的教师、幼儿发展问题,为当下关于项目活动开展的资源开发研究提供理论和经验支持,为有同样困惑和需要的幼儿园提供资源开发的思路和教学借鉴。

(三)幼儿园项目活动资源开发实践现状与问题分析

我们以幼儿园项目活动开发实践为基础,从资源开发与运用的视角,通过问卷访谈等研究方法,对幼儿园项目活动资源开发现状进行了系统调查。

我们发现,幼儿园项目活动受资源开发单一和不足的影响,在初步的项目活动实施中成效不佳,幼儿解决问题的能力以及自主探究的能力未得到真正的发展。从教师、家长、幼儿等人力资源方面来看,幼儿园对环境空间和教玩具材料配置等物质资源以及信息技术网络平台等信息化资源的开发都存在不同层面的问题。

1. 人力资源方面

一是教师缺乏关于幼儿园项目活动开展的资源开发意识与能力。我们发现,在幼儿园项目活动探究中,教师虽然有预设和生成课程的意识,但是在具体的实施中,对支持项目活动资源的理解往往局限于书本教材或班级现有资源,运用本土文化和园本文化资源的意识欠缺,尤其是面对生成性活动时,对资源的开发更表现出"视而不见"(看不见周围的资源)或"盲目为之"(以教师主导为主,看不见孩子的需求)的现象。此外,材料投放种类单一,数量较少,空间环境创设固化死板,缺乏科学联动。

二是家长认识和参与项目活动的深度和广度不够。经前期调查发现,家长认同和有效支持项目活动开展的比例不足 10%,部分家长仍存在明显的"小学化倾向",即过多关注孩子知识层面的发展,忽视项目活动本身对孩子发展的影响，对项目活动不理解，参与积极性不高，不能有效指导幼儿开展项目活动。

三是幼儿缺乏与环境创设的有效互动以及自主探索材料的机会。主要表现为以下几点：幼儿没有兴趣和机会主动参与班级环境创设；活动时疲于表面摆弄各类材料，缺乏专注力，短时间内频繁更换活动材料；缺乏对环境和材料的探究兴趣和探究精神，缺乏思考和解决问题的能力。

2. 物质资源方面

一是园内资源缺乏有效利用，如班级、园级空间长期固化，区域之间未能灵活连通，在空间环境利用上较"死"；活动材料配置表现出"随、散、少"等现象，即材料投放随意零散、数量种类少、层次不分明、年龄特点不鲜明，未能激发幼儿深层思考和探究，不能充分支持项目活动的开展。

二是与园外资源欠缺有效链接。表现在对本土文化资源了解不够，忽视幼儿园周边社区和自然资源，从而不能将其作为有效资源对幼儿园项目活动给予支持，其教育功能尚待挖掘；同时，项目活动的开展缺乏与社区资源、自然资源的有效链接，未能充分利用周边的人、事、物等资源提供有效支持。

3. 信息化资源方面

幼儿园项目活动以收集照片、音频、文字书面材料居多，缺乏电子资源库的建立，未能充分利用丰富的网络平台资源，去支持项目活动中需要的有关调查、链接、呈现和共享，项目活动的资源储备和成果推广形式不够丰富。

为此，我们幼儿园积极探索支持项目活动开展的资源，努力创设丰富的教育环境，同时，以国家政策为指导，着力探寻幼儿园在项目活动资源开发方面的问题与不足，改变现实中制约幼儿发展的现象，改变资源开发不能满足幼儿全面发展需求的现状，改变家长支持参与不足的现状，有效开发和利用人力资源、物质资源和信息化资源，传承温江"鱼凫文化"和我园园本文化，发挥文化对资源开发的作用，丰富项目活动的内容，有效提升教师生成项目活动和开发资源的能力，引导家长积极提供教育环境和资源支持，真正促进幼儿全面发展。

第二章
幼儿园教育发展政策分析

一、幼儿园教育发展政策宏观分析

(一) 教育体制政策

教育是国之根本，教育无小事，教育并不是一个简单的行为动词，它是包括学校、教师、学生在内的一个完整系统，以上三者是这个系统中的各个部分，只有各部分都良好运转才能维持整个教育系统正常运转，为国家的未来发展做好智力储备。教育系统的正常运转离不开教育体制的管理。目前幼儿园体制建立在政府主导、社会参与、公办民办并举的办园基础上，这与社会当前对学前教育日渐强烈的需求以及学前教育资源的紧张有一定的关系。学前教育作为教育的基础和前端与一个孩子的健康成长发展关系很大，因此办有质量的幼儿园，拓展学前教育资源是十分重要的。

党的十八大召开之后，学前教育事业蓬勃发展，国家有关部门出台了一系列政策文件，着力规范和促进学前教育的快速发展。比如"三期学前教育行动计划"：第一期教育计划（2011—2013 年）的目标是扩大教育资源，缓解入园需求大和学前教育资源不足的矛盾；第二期教育计划（2014—2016）主要是进一步扩大学前教育资源总量，从根本上解决"入园难"的情况，同时从民生福祉的角度解决"幼儿园入园贵"的问题；第三期教育计划（2017—2020）主要是对现有的幼儿园体制机制进行完善，着力建设教育质量高、覆盖范围广、入学保基本的惠民教育公共服务体系。三期学前教育行动计划分别在不同阶段进行，层层递进，促进了我国幼教事业的发展。

社会经济不断发展，国家生育政策发生变化，随着"全面二孩""三孩政策"的相继发布，学前教育的需求问题更加突出，但需求与学前教育体系现状还存在很大的矛盾，学前教育发展格局仍然存在不平衡、不充分的问题，主要表现为"入园难""入园贵"，因此国家出台了一系列体制政策，努力平缓学前教育供需矛盾，打造机会公平、质量上乘的人民教育，一系列教育政策的出台就是对这些问题的积极反馈。

《国家中长期教育改革和发展规划纲要（2010—2020年）》（以下简称《纲要》）明确规定要建立政府主导、社会参与、公办民办并举的办园体制，有效明确了政府和社会在当下教育体系中的角色和责任。政府并不是学前教育的唯一办学主体，其应当在学前教育中承担主导负责的职责，促进学前教育可持续发展。《纲要》承认了私立幼儿园的合法性，有效缓解了孩子入园难的问题，促进了社会秩序的平稳发展。另一方面，无论是多主体办园，还是通过多种形式参园，比如"公办民助、公建民营、公办民管"等，政府都要履行好自己的监管职责，促使教育质量稳步提高。体制建设还包括学前教育教师队伍建设，目前幼儿教师队伍专业化素养有待提升，三期教育计划的施行逐渐对幼儿园教师队伍支持体系进行了完善，扩大了幼儿园教师编制队伍，提升了幼儿园教师的福利薪资待遇，加大了对幼儿园教师队伍的业务培训力度，提升了幼儿园教师的专业化水平，为全方位解决学前教育体制机制问题打好了基础。

（二）教育财政政策

自新中国成立以来，我国一直都在完善学前教育财政投入体制机制，其完善过程大致经历了从单位福利体系到单位供给、分散投入再到社会主义市场经济改革背景下的财政投入，最后再到以政府投入为主、社会投入为辅的财政投入体制等四个时期。在这些完善过程中，政府对幼儿园发展的定位起到了关键性作用。

学前教育是国民教育体系中重要的组成部分，近二十年来，我国的学前教育得到了长足的发展，这一切都归功于国家对学前教育在政策和财政方面的有力支持。新中国刚成立的时候，政府通过颁布政策的方式严格明确了发展学前教育的目的是减轻父母的育儿压力，并要求各地方幼儿园的经费由各地方政府在当地的教育事业经费中统筹划分。通过这种方式，我国学前教育的单位福利属性逐渐显现。1973年，财政部在其颁布的相关文件中将学前教育成本改为营业外制度，由此确定了后勤服务中幼儿园办园的开支原则。直到20世纪70年代，随着单位福利体系的建立，只要是在城镇单位或者农村相关社队组织的人员，其子女皆可享受学前教育的福利，而发展学前教育的费用也主要来源于这些单位和人群。1978年改革开放之后，国家为了加大对学前教育的发展力度，相继颁发了《全国托幼工作会议纪要》《幼儿园教育指导纲要》《关于加强幼儿教育工作的意见》等重要方案，并扩大了办园规模。相对于逐渐扩大的幼儿园规模，我国也基本建立起了单位供给、分散投入的学前教育投入财政体制，要求各级财政部门在安排教育事业费的年度指标时，合理统筹开办幼儿园的经费及相关工作人员的日常支出，切实保障好学前教育经费。在这个阶段，学前教育的主要责任就是承担托幼服务。然而，由于经费数量存在差异，不同类型幼儿园之间的教育质量差距越来越明显。同时，随着经济社会的飞速发展，很多地方的幼儿园办园条件已经难以满足日渐增长的入园儿童数量。1992年，党的十四大会议明确提出了"改变国家包办教育"的想法，开始进行学前教育体制改革。学前教育不属于义务教育，因此发展学前教育事业需要由政府拨款、主办单位投入以及幼儿家长自主缴费。在这种大背景下，学前教育逐步走入市场，大量民办幼儿园出现，公办幼儿园数量减少，由此扭转了我国的办园格局。

为了让政策适应实践的发展，在社会主义市场经济改革背景下，国家开始探索与社会发展相适应的学前教育财政投入政策。1995年，《关于企业办幼儿园的若干意见》颁布，该意见鼓励企业面向社会办园，改变了之前企业负责内部幼儿园全部开支的传统。按照相关规定，民办幼儿园应当根据办学质量和投入成本确定收费标准，学前教育成了面向社会的地方性事业，大量的社会资金弥补了学前教育财政投入的不足。但是在这个阶段也出现了一些乱象，很多地方政府为了减轻财政负担，将开办学前教育的主要任务依托于市场，这样虽然可以减少政府对幼儿园的公共财政投入，但是导致不少民办幼儿园以谋取利益为主，不利于学前教育的发展。2010

年，我国又开始了新一轮的学前教育体制改革，开始构建以政府为主、社会参与的学前教育财政投入体制。同年，国务院颁布了《关于当前发展学前教育的若干意见》。因此，自 2010 年以来，从中央到地方，各级政府都加大了对幼儿园办学的投入力度，着力促进了学前教育健康发展。

（三）教师政策

教师是教育事业发展的根基，更是教育质量提升的关键，教师队伍的建设与教育事业发展息息相关。学前教育教师政策主要体现为两个方面——学前教师的地位和待遇政策；学前教师准入和任用政策。

1. 学前教师的地位和待遇政策

自唐代以来，韩愈所作《师说》被奉为尊师重教的经典，广为流传，教师这一职业也被人们誉为太阳底下最光辉的职业。中华人民共和国成立后，党和政府大力发展教育事业，采取各种措施积极保障教师的人才待遇，着力提升教师的社会地位。1985 年，《中共中央关于教育体制改革的决定》颁布，特别强调要重塑教师的社会地位，表明师资队伍建设是实现国家大计的关键，同年，国务院发布了《关于提请审议"教师节"的议案》，进一步明确了教师的重要性，并于次年被全国人民代表大会通过，从此，每年的 9 月 10 日正式被确定为教师节。1996 年《全国教育事业"九五"计划和 2010 年发展规划》又一次强调，师资队伍的质量直接关系着教育发展的质量。

进入 21 世纪之后，提高教师地位已不仅停留在国家文件层面，而且真正落到了实处。国家真正将教师地位写入《中华人民共和国教育法》，2010 年颁布的《关于当前发展学前教育的若干意见》则将"尊师重教"这一口号落到实处，对于幼儿园教师福利待遇做了细致的规定。

在《中小学教师职务工资标准方案》出台之前，全国各地的教师工资并不统一，学前教育教师工资更没有具体规定，直到 1980 年，财政部出台《国家预算收支科目》后，幼儿教师专项工资规定才正式出台。从 1987 年 10 月 1 日起，国家将中小学和幼儿园教师工资提升 10%，并规定学前教育教师的工资待遇与小学职务教师工资待遇保持一致，整体按照《小学教师职务条例》进行任命。除了工资政策文本以外，国家对教师的关注还体现在日常的医疗住房待遇等方面，全方位保障教师生活，让教师享受和公务员同等的福利待遇，切实体现了国家对教师行业的重视。

2. 学前教师准入和任用政策

随着时代的发展，党和国家制定的一系列有关学前教师准入政策也从最初重视教师的师德到后来重视学历发展至今天的职业道德体系建设。幼儿园教师是孩子受教育的启蒙老师，无论是其学识还是思想修养都同等重要，这也成了幼儿园教师准入的两项基本准则。教师职业准入的门槛标准之一就是教师资格证的获得，其中最具里程碑意义的是 2011 年国家颁布的《幼儿园教师专业标准》（征求意见稿），要求学前教师必须树立终身学习的理念，注重师德、学识兼修。它不仅成为学前教师任用的基本依据，而且是学前教师培养培训的基本依据。

学前教师的任用政策是在已经取得教师资格证基础上实行的，新中国成立初期，教师任用存在很大的问题，岗位的随意调动往往导致编制已满，但教师较少，很多教师虽然已到别的单位工作但仍旧占用教师编制，专业人才缺失严重。

20 世纪 80 年代起，聘用制开始实行，国家更加注重教师队伍多元化建设，开始重视任用资格达标的教师，注重教师资格制度的执行。随后，为了进一步强调学前教师专业资格，要求幼儿园中没获取教师资格证的教师要通过额外的培训来提高自己，让自己有足够资格朝着幼儿园骨干教师方向发展。20 世纪初，教育振兴大计划全面实行，教师聘用制全面推进。教师聘任制历经多年被认为是适合中国教育发展的任用制度，打破了传统计划经济体制对教师的束缚，壮大了教师队伍。

（四）教育质量政策

确保幼儿园教育质量是我国发展教育事业的重要前提，也是我国教育体制改革的重要任务。我国在学前教育质量方面一直都非常重视并颇有研究，1989 年颁布的《幼儿园管理条例》是新中国成立以来颁布的第一个有关学前教育的法律规定。2010 年颁布的《关于当前发展学前教育的若干意见》，将发展学前教育事业提升到一个新的台阶，我国开始实施三年学前教育行动计划。伴随着该项计划的实施，我国的学前教育办学质量得到了高度提升，这一切都源于国家对学前教育的重视以及相关教育政策的出台。2018 年，中共中央、国务院出台了《关于学前教育深化改革规范发展的若干意见》，强调要推进学前教育普及普惠，完成安全优质发展的任务，主要体现在注意保教结合、改善办园条件并健全质量评估检测等措施上。2019 年，中共中央办公厅、国务院办公厅颁布《加快推进教育现代化实施方案（2018—2022 年）》，该方案着重加强了对学前教育质量的监管，并将提高教育质量作为时代的发展主题。这些相关政策的逐渐出台确保了我国的学前教育质量稳步提升。为了深化学前教育发展，教育部于 2022 年 2 月 11 日颁布了《幼儿园保育教育质量评估指南》（以下简称《评估指南》），主要针对学前教育过程中的质量问题提出了相关的指标和评估方式。《评估指南》从教育学的视角对学前教育的教学质量提出了新的要求，并对各类幼儿园的保教质量给予相应的标准和方向。幼儿园除了单位自身要努力提高办学质量，也可以借用外力提高质量，例如寻求相关教研专业人员的帮助，请他们针对办园过程中出现的问题进行有针对性的指导。《评估指南》的颁布不仅意味着我国对幼儿园办园质量有了新的要求，也在法律上重新确定了学前教育质量，评估标准更加科学专业，这也将引领我国学前教育质量提升进入新阶段。

学前教育政策颁布的意义就在于引导社会各要素解决好发展学前教育过程中的各项问题，更好地促进学前教育持续健康地发展。当前我国的学前教育事业建设在各方面均取得了瞩目的成就。无论是体制、财政还是师资和办园质量方面，都有相应的政策在保驾护航，今后，我国学前教育政策发展应该继续坚持"以儿童为本"的教育理念，朝着优质普惠的基本方向发展。

二、幼儿园教育发展政策微观分析

（一）国家关于学前教育政策科学、全面、合理

科学、全面、完整的教育政策是《幼儿园项目活动资源开发实践研究》的基础。自党的十七大以来，我国针对学前教育颁布了一系列的政

策，有力地促进了幼儿园项目活动的开展。

党的十七大提出了"重视学前教育"的号召，十七届三中全会提出了"发展农村学前教育"的号召，十七届五中全会则进一步提出："坚持促进教育公平，在改善民生、解决人民群众关心的实际问题上下功夫。加快学前教育发展，切实解决'入园难'问题。"随着国家对学前教育的重视，对幼儿园加大了财政投入与支持，学前教育的师资队伍也逐渐壮大。

《国家中长期教育改革与发展规划纲要》（以下简称《规划纲要》）第一次提出了普及学前教育的目标。《关于当前发展学前教育若干意见》（简称"国十条"）提出了"把发展学前教育摆在更加重要的位置"的号召，指出："学前教育是终身学习的开端，是国民教育体系的重要组成部分，是重要的社会公益事业。"进一步明确了"三个关系"：办好学前教育，关系亿万儿童的健康成长，关系千家万户的切身利益，关系国家和民族的未来。要求我们做到"五个必须坚持"：发展学前教育，必须坚持公益性和普惠性，努力构建覆盖城乡、布局合理的学前教育公共体系，保障适龄儿童接受基本的、有质量的学前教育；必须坚持政府主导，社会参与，公办民办并举，落实各级政府责任，充分调动各方面积极性；必须坚持改革创新，着力破除制约学前教育科学发展的体制机制障碍；必须坚持因地制宜，从实际出发，为幼儿和家长提供方便就近、灵活多样、多种层次的学前教育服务；必须坚持科学育儿，遵循幼儿身心发展规律，促进幼儿健康快乐发展。

在国家相关文件的支持下，学前教育发展有了科学有效的法律法规保障，促使幼儿园能够安心做教育，潜心专研幼教文化。

党的十八大以来，国家加大了对学前教育的经济和文化投入，为学前教育的发展保驾护航，多种途径加强幼儿教师队伍建设。具体在以下方面做了很多工作。（1）编制：合理确定师生比，核定公办幼儿园教职工编制，逐步配齐幼儿园教职工。（2）资格：健全幼儿教师资格准入制度，严把入口关。（3）补充：公开招聘具备条件的毕业生充实幼儿教师队伍。中小学富余教师经培训合格后可转入学前教育。（4）权益：完善落实幼儿园教职工工资保障办法、专业技术职称（职务）评聘机制和社会保障政策。对长期在农村基层和艰苦边远地区工作的公办幼儿教师，按照国家规定实行工资倾斜政策。对优秀幼儿园园长、教师进行表彰。（5）培养：着力办好中等幼儿师范学校，办好高等师范院校学前教育专业。建设了一批幼儿师范专科学校，加大了面向农村幼儿教师的培养力度。（6）培训：建立幼儿园园长和教师培训体系，满足幼儿教师多样化的学习和发展需求。（7）创新培训模式，为有志于从事学前教育的非师范专业毕业生提供培训，对幼儿园园长和骨干教师进行国家级培训，对幼儿园园长和教师进行了一轮全员专业培训。

国家还从多种渠道加大了学前教育投入：（1）预算有科目：要求各级政府将学前教育经费列入财政预算。（2）增量有倾斜：新增教育经费要向学前教育倾斜。（3）投入有比例：财政性学前教育经费在同级财政性教育经费中每年要有明显提高。地方教育费附加提高1％，扩大基础教育、中等职业教育范围。（4）拨款有标准：各地根据实际研究制定公办幼儿园生均经费标准和生均财政拨款标准。（5）捐助有优惠：制定优惠政策，鼓励社会力量办园和捐资助园。（6）家庭有承担：建议家庭合理分担学前教育成本。

在这样的政策环境之下，幼儿园开展科研有了更多的政策保障和政策支持，这也是我园能够开展《幼儿园项目活动资源开发实践研究》的重要前提。

（二）《幼儿园项目活动资源开发实践研究》是教育政策下的时代成果，也是幼儿园科研发展的时代必需

2021年既是我国"十四五"规划的开局之年，也是中国共产党成立100周年。这一年，为打好"十四五"学前教育发展阵地基础，明确学前教育发展的方向和框架，国家制定了《中国儿童发展纲要（2021—2031年）》《关于实施中小学幼儿园教师国家级培训计划（2021—2025年）的通知》等规划性政策，也出台了《中华人民共和国家庭教育促进法》，修订了《中华人民共和国民办教育促进法》，还针对学前教育师范生、校外培训机构制定了专门的规范性政策，这些与学前教育相关的政策，聚焦学前教育普惠发展、幼小衔接，幼儿身心健康、幼儿教师专业发展、普通话教育、家园社共育等，呈现出"普惠与质量兼顾，规范与科学并行"的特点，为"十四五"期间学前教育高质量发展奠定了良好的基础。针对学前教育的未来发展趋势，《中共中央关于制定国民经济和社会发展第十四个五年规划和二〇三五年远景目标的建议》提出了"要完善普惠性学前教育保障机制"的目标。2021年2月，《教育部2021年工作要点》提出了积极扶持民办园，提供普惠性服务，健全普惠性学前教育投入和成本分担机制，落实普惠性民办园补助标准等措施。2021年5月，新修订的《中华人民共和国民办教育促进法》规定，委托民办学校承担普惠性学前教育、义务教育或者其他公共教育任务的，应当根据当地相关教育阶段的委托协议，拨付相应的教育经费。

科学素质是国民素质的重要组成部分，科学教育也是素质教育的重要内容。《全民科学素质行动规划纲要（2021—2035年）》提出，要建立校内外科学教育资源有效衔接机制，加强对家庭科学教育的指导，加强学龄前儿童科学启蒙教育，推动学校、社会和家庭协同育人。2021年7月，《关于加强学生心理健康管理工作的通知》颁布，要求充分发挥体育、美育、劳动教育的重要作用，全方位促进学生心理健康发展。

为了认真贯彻上述文件精神，我园以项目活动开展为载体，积极探究，不断去实践和学习，找到了一条适合幼儿园孩子全方位学习和发展的学习途径，通过认真总结、提炼，结出了《幼儿园项目活动资源开发实践研究》这一丰硕成果。而这一成果的取得，离不开国家在教师事业发展和家园共育方面的政策支持。

1. 教师专业发展

2021年4月，教育部发布《学前教育专业师范生教师职业能力标准（试行）》，围绕师德践行能力、保育和教育实践能力、综合育人能力、自主发展能力四项核心能力提出了细化要求，这也是我国第一个针对学前专业师范生的标准性文件。2021年5月，《关于实施中小学幼儿园教师国家级培训计划（2021—2025年）的通知》颁布，要求推进以教师自主学习、系统提升、持续发展为导向的"国培计划"改革，重点支持中西部欠发达地区农村义务教育学校、幼儿园骨干教师、校园长和培训者深度培训，并围绕培训内容体系、机制改革、能力建设、监管评价四个方面，明确教师核心素养培养、强化培训内容标准引领、完善。

从教师队伍发展方面我们不难看出，国家对于幼儿教师的要求已经不再局限于传统的唱跳弹说，而是对其理论知识水平和科研能力有了新的要求。

幼儿园开展项目活动，主要的引导者就是幼儿教师，参与与组织班级的项目活动可以给老师自由成长与学习的空间，班级老师也可以最大限度地加强自身学习与提升，提高理论知识水平，我园开展的"幼儿园项目活动实践研究"课题研究就是国家政策引领下的时代产物和科研结晶。

2. 家园共育

2021年10月23日，十三届全国人大常委会第三十一次会议通过了《中华人民共和国家庭教育促进法》（以下简称《家庭教育促进法》）。明确了家庭教育的责任、国家支持家庭教育的责任和家校社政协同育人的责任。

《家庭教育促进法》的颁布，明确了家庭教育的责任主体——父母。《家庭教育促进法》把家庭教育界定为"父母或者其他监护人为促进未成年人全面健康成长，对其实施的道德品质、身体素质、生活技能、文化修养、行为习惯等方面的培育、引导和影响"，规定父母或者其他监护人是家庭教育的主体和责任人，提出，父母或者其他监护人应当树立家庭是第一个课堂、家长是第一任老师的责任意识。无论是否委托他人代为照护孩子，父母都是家庭教育的责任人。也明确了家庭教育的根本任务与主要原则：要做到家庭教育、学校教育、社会教育紧密结合、协调一致，要结合实际情况采取灵活多样的措施。还明确了家庭教育的主要内容与方式方法，强调了大德、公德和私德的培育，身心健康与习惯养成，强调了家庭教育不同于学校教育的独特性，给家长在参与孩子的成长与学习过程中提供了具体的方式和方法：

第一，亲自养育，加强亲子陪伴。

第二，共同参与，发挥父母双方的作用。

第三，相机而教，寓教于日常生活之中。

第四，潜移默化，言传与身教相结合。

第五，严慈相济，关心爱护与严格要求并重。

第六，尊重差异，根据年龄和个性特点进行科学引导。

第七，平等交流，予以尊重、理解和鼓励。

第八，相互促进，父母与子女共同成长。

第九，其他有益于未成年人全面发展、健康成长的方式方法。

《家庭教育促进法》准确定位了新时期家庭教育的任务、目标、内容、原则和方法，对于进一步夯实家庭教育责任，引导全社会注重家庭、家教、家风建设，增进家庭幸福与社会和谐，培养德智体美劳全面发展的社会主义建设者和接班人，具有非常重要的意义。

在这样的国家政策之下，幼儿园如何做好家园共育工作？这是考验幼儿园综合素质和创新模式的一个焦点。

（三）国家政策下我园开展相关科研活动的方案制订与选择

通过上述国家政策分析，我们不难看出，党和国家日益关注学前教育事业，尤其是对儿童的综合素质发展有了更加科学和进一步的要求。而学前教育事业的发展是家长、幼儿、教师乃至学校多维度参与的工作，如何去突破传统的瓶颈，找到一种适合孩子、家长和教师的发展方式呢？我们一直在思考。

在项目活动引入我园之后，我园从摸索、学习、提升到最后根据当地的实际发展情况，较为成功地开展各种项目活动，取得了丰硕的成果。在此期间，孩子们的独立成长与学习、家长的积极参与、教师的科学引导都在进步，他们都在一步一个脚印地前进，老师和家长、孩子都尝到了项目活动所带来的"甜头"，大家的成长有目共睹。因此，在多年的探索和不断的提炼之后，《幼儿园项目活动资源开发实践研究》一书应运而生。

为了更好地贯彻执行国家教育政策，在实际工作中，我们应根据不同的需求，制订出符合自身要求和具有可行性的方案。例如：

（1）教师应充分理解教学任务，要认真完成教学计划。

（2）加强师幼之间合作意识的培养，要充分调动各方资源努力实现教育目标。

（3）着力提高教师自身素质，加强师德培养。

（4）强化政策意识和社会责任感。教师要在教育政策执行过程中发挥自身的作用，不断改进教学方法和手段，不断地学习新的教育理念，使之符合时代发展和教育需求，更好地实现自身价值。

我们分析教育政策执行过程的最终目标就是实现教育政策执行过程中各个要素之间的相互协调，使之在不同阶段、不同时间都能最大限度地发挥作用。而国家颁布的一系列学前教育政策为我们开展项目活动研究奠定了良好的基础。

第三章
幼儿园项目活动资源开发文献综述和理论分析

一、幼儿园项目活动课程研究理论回顾

(一) 概念界定

1. 项目教学法

项目教学法（Project-based Learning，缩写为 PBL）也被称为"基于项目教育""项目教育学"等，由美籍教育工作者克伯屈首先明确提出，并将它分成了四大步骤，依次为：确定教育目的→制订行动计划→执行规划→评价成果。将项目活动作为一个教育的方法，泛指一个教和学的方法，但并非一个独特的教育技巧，或一个绝对正确的活动、教学惯性程序或战略。项目教学法强调老师针对不同孩子的不同发展和特点予以主动反馈与帮助，同时强调孩子参与项目内容，对自己的作品或任务做出规划、制订、评价、修改、表现等，旨在积分调动孩子处理事情与工作的积极性与责任意识。

2. 幼儿园项目活动

幼儿园项目活动，是指一个或一个以上孩子对特定主体进行生命体验、未知探究的活动，其内容以任务驱动、小组协作为特点，在与材料、同伴、成人等的交往中，不断自主探究、解决具体问题、建立统整经验，并感受愉悦心情，以完成自发嵌入式学习的过程。项目活动包括高结构的小团体活动、低结构的分组探索活动和自主性的个别化体验活动，旨在有效提高孩子的探索、协作、创新能力。

本研究中的"幼儿园项目活动"是指基于园本课程实施过程，依托幼儿园主题活动，对幼儿或者幼儿和教师共同感兴趣的内容进行深入探究，或对在课程活动实施过程中临时由幼儿生发出来的兴趣点进行探究，并通过多种形式开展的预设性、生成性的整合式学习活动。

南京师范大学教授虞永平认为："孩子的快乐，就是指生活在一种很有支持的家庭与学校氛围中，他们的需求、好奇心被充分关注，他们的个性被充分关注，他们的认知特点与规则也被充分注意，他们用自身独特的思维方法认知世界，把思想和行为紧密结合在起来。"本书所呈现的项目活动的一系列典型案例及策略方法，为我们提供了一种实施适宜性教育的路径，有助于实现成人和幼儿在丰富的日常生活中共同构建适宜性教育的可能。此书能够引领人们站在儿童的角度考虑问题，站在儿童的角度设计生活环境，站在儿童的角度设计生活，和儿童一起玩耍、同欢同喜。希望我们共同在增进儿童身心健康的丰富多彩的教育活动中，为孩子的终生发展打下了美好的基础，许他们一份幸福与可持续发展的未来。

（二）项目活动起源

项目（project），又被称为方案。项目教学法的产生，同 20 世纪初期在中国开展的进步主义教育思想和科学化的儿童教育活动都有关系。在杜威进步主义教育思想的启发下，克伯屈在 1918 年撰写了《方案设计教育学》（又译为《设计教学法》）的论文，并提出了这个教育方法。

有人认为，使学习过程过于轻松是非常危险的，拼尽全力方能取得的胜利才是最理想的胜利。评判儿童兴趣发展优劣的标准，是看能否让儿童卓有成效地发展。而有利于儿童发展的三种条件是：经久不衰的兴趣；来自环境的需要调动内部最大力量的挑战；最终的成功。个人成长就源于这三者。

在有目的的教育活动中，典型的步骤是哪些呢？我个人认为有四条：明确目的，制订规划，实施计划，做出正确判断。

克伯屈在《教学方法原理》中指出：儿童若要学得最好，必须自己确立目的。近 20 年以来，受全球幼儿教育领域普遍重视的意大利瑞吉欧教育模式的最大特色之一便是方案教育。

冯晓霞认为，项目活动，即人们在导师的支持、协助与指导下，围着每一个大家所关心的日常生活中的"课题"（主题或题目）或认识中的问题（论题）展开研究，在共同探索的活动中发现知识，感受价值，从而形成共同认知。

我们可以把项目教学法归纳为以下几点：（1）对一个特殊焦点进行深入的探索与探究；（2）有目的；（3）由儿童拟定计划；（4）由儿童负责进行；（5）结束的分享与评价。这样的历程就好像科学研究人员策划和实施专题研究一样，一般都是先根据科学研究目的，提出科学研究问题，然后设计相应的科学研究方式，并探索科研问题，收集统计资料，最后展示科学研究的成果。

（三）项目的本质

对一个项目的深入研究，通常由整个班级通力合作，分小组完成各自的任务。有时候整个项目只由一个小组来承担，偶尔也会由一个孩子来完成，目的是进行特色探索，即孩子们就自身或老师提出的疑问，或对调查过程中对存在的疑问寻找回答的一种研究。

在一个项目中，孩子的观点、问题、推理、预见能力和兴趣，是项目提供的经验以及所进行的工作的主要决定因素。例如一个项目文献中记载：儿童通过确定某件事、讨论某些重点、估计结果和假定预期的基础、检查史实与细部、采访能够提出所要讯息的人、制订新的研究方向、绘画并记载观测结果等，来为已完成的研究工作接受检查并承担责任。

参与项目活动并不能完全覆盖幼儿在课程中应学习的所有经验。其他类型的学习活动也能促进幼儿的发展。儿童主动参与项目活动的教室，通常是其唱歌、听故事、搭建积木、绘画、参与扮演游戏、学习和实践新技能的地方。项目教学法既可以和其他课程教学法结合使用，也可以运用于不同的课堂结构或环境中。单元教学、主题教学、直接教学可以为儿童提供良好的学习经验以发展某些技能、探究某些主题，项目活动并不是儿童照护中心、托儿所、幼儿园或小学一年级课程的唯一组成部分。能够顺利开展项目教学法的教师，经常能够将项目活动进行过程中的主要元素（如建构、观察性绘画和档案记录）与其他教学法提供的学习经验进行有效整合。正因为如此，有些单元教学或主题教学所提供的学习活动看上去很像项目活动。然而，除非由儿童的兴趣驱动项目活动主题的选择，以及对主题进行探究的过程中包含儿童发起、做决定及参与等关键要素，否则它们依然无法被称为项目活动。它们所提供的学习经验也无法实现项目教学法对儿童发展的独特价值。只有当儿童对某个主题充满好奇、被吸引、感兴趣时，项目活动的价值才能真正被意识到，儿童也才会从拥有更多机会来发起、探究、遵循自身兴趣中获得成长的助力。

主题教学与项目教学的区别

要素	主题教学	项目教学
话题	教师通常围绕一个广泛的主题或一个大概念而开展一系列活动	教师对与幼儿生活密切相关的现实话题展开深入研究
教师角色	教师重点帮助孩子掌握技能	教师为孩子提供运用技能的机会
学习动机	外来的动力：孩子受取悦教师和获得奖励的欲望的驱使	内在的动力：孩子的兴趣和主动参与激发了他们的主动性，促使他们努力工作
学习体验	教师在教学的适当阶段选择学习活动和提供材料	孩子从教师提供的各种不同活动中作出选择，他们自己决定接受什么难度的挑战
学习主体	教师是专家，纠正孩子的缺陷	孩子是专家，教师促进孩子的进步
学习成效	教师对孩子的学习、进步和成绩负责	孩子和教师共同承担学习和取得成绩的责任

（四）项目教学法

1. 项目教学法的特点

教师以不同的形式把新课题引入孩子课堂，并无既定的教学模式可循，其主要特点在于使孩子们获得在一个持续的时期里仔细观察并研究有价值的问题的经验，强调让他们积极参与对自己的工作项目、成果的评价，并引导他们积极地为自己的工作项目承担起社会责任。

2. 项目教学法的目标

项目教学法的目标是促进幼儿心智发展，不仅包括知识和技能，而且包括社会、情感、道德、审美、和精神方面的感觉能力。对项目教学法的评价更注重幼儿在整个项目活动中经验的获得（自己的亲身体验与同伴的交流经验），更注重过程评价。

项目活动更利于幼儿的心智发展，而不像分科教学那样注重幼儿智力的目标。项目活动更注重幼儿技能的掌握和运用，以及团队精神、民主氛围、教学挑战等内容。

（五）项目活动的实施过程

阶段一：激发幼儿兴趣。了解幼儿与主题有关的前期经验，辨别幼儿的疑问、误解是什么。

方式：讨论；让幼儿描述与主题有关的经验；戏剧扮演；绘画。

目的：激发幼儿对活动的兴趣；了解幼儿已有的经验；让幼儿意识到并明确需要思考的问题。

阶段二：充实幼儿的经验，促进幼儿多元表达。

引导幼儿积累新的直接经验，实地参观、探究、采访"专家"、查阅资料等，收集其他资源；推动幼儿展示自己吸取的新经验；幼儿通过多种形式表达（语言、视觉艺术、戏剧表演、建构）。

阶段三：幼儿经验的交流与展示。

活动的结束环节通常为项目的"高潮"阶段，在这个环节，幼儿以某种方式和其他人包括园长、其他幼儿园的孩子和老师、父母共享经历和结果，总结、反省和分享自身及别人的学习经历。

方式：介绍作品；发表个人创作及活动过程的"档案"；展示作品；戏剧表演；等等。可邀请家长、幼儿园的其他成人参加。

（六）项目教学的五个策略性特征

1. 讨论

（1）特点：项目教学中的讨论是幼儿互相之间的交谈，不必每个幼儿都得到教师的反馈。幼儿可由此学会彼此沟通，相互询问，彼此评论，并请求老师和别的小朋友帮忙阐明孩子的观点或提出新的信息。

（2）功能：

①交流研究的题目和信息。

②讨论调查和表述时使用的策略。

③从同伴那里征得改进工作或解决问题的方法。

④向教师展示不断提高的认识。

⑤同教师一起，参与计划项目的制订工作。

（3）讨论形式：

①整个班级、小组或两个孩子之间的讨论。

②儿童可以和教师或其他成人（如教师的助手，父母志愿者或来访专家）一起参加讨论。

③儿童合作活动中的讨论。

2. 实地考察

任何在教室外进行的活动，都可以看作是实地考察。在第一阶段，儿童可以采访父母，了解他们有过哪些与该项目相关的经历；在第二阶段，教师可以把孩子带出去，带领他们直接去实地进行观察探究。

同一个班级的孩子应有意识地考察实际场地的各个细部，并做好相关记录，实地考察也可和绘画、书写和数字等相结合进行。如果教师能够想办法将孩子们的观察收集到一起，加以分类，并提供给他人，（展示）一次实地参观就可以获得非常丰富的信息。

3. 调查

可以访问专家，也可以查询书籍、网络或到博物馆参观等。具体分为两个渠道：

（1）直接研究。如从仔细观察及对专家的采访中获得研究结果；通过实地考察进行；或者在教室里用探讨和实验各种材料实物或物质的形式进行。

（2）间接渠道：从书本、录像、互联网、博物馆展览以及由其他人准备和提供的信息渠道获取信息。

4. 表述

表述的方式有画画、戏剧表演、建筑、写作、设计图表等。幼儿可以通过戏剧演出、绘图、建筑、写作和使用图表，表达他们的经历、以前的认识、问题、研究成果和具体说明。

教师应帮助幼儿通过有选择的表述，彼此沟通经验、专业知识与技巧。幼儿则可以综合不同的表述策略，厘清和详述他们的计划，交流他们得到的信息。

5. 展示

幼儿可以通过布告牌、教室里的墙面、书架及桌面，来展示信息、作业、收集的实物、词汇表、参考书、程序指令以及要使用的材料和设备。

在项目进行的过程中，教师可以通过收集和展示工作成果、在全班讨论和展示小组及个人的进步等来精心安排项目的进展，也可以一边选择不同的东西展示到教室的墙上，一边进行工作评估。

（七）选择项目课程时的实际考虑

1. 如果教师的教学主题比较明确，而且可将丰富的第一手信息、直接经验和具体实物展示给幼儿，这种教学就可能取得成功。

2. 当教育活动和孩子的前期经历有关时，教育更易于实施。

3. 参观场所临近幼儿园，参观方便会使得活动更容易开展，因为幼儿可在活动进行中反复观看许多次。

4. 如果课题能使孩子在最大限度摆脱老师的帮助下独立完成，那它将有机会成为一项优秀的项目活动。

5. 当幼儿能够使用适合其年龄的知识及工具进行认知和学习时，学习内容会显得非常丰富。

6. 与国家教育课程目标相关的项目课程，较易于得到家长和行政部门的支持。

7. 课程教学主题和孩子自身及父母生活有联系，更能够带动深度知识的掌握和专业技能的转化。

二、幼儿园科学活动课程研究理论回顾

科学领域是幼儿园教育五大领域之一，也是幼儿园培养幼儿能力的重要组成部分。适当的科学活动能促进幼儿多方面的发展，也成为各年龄段幼儿喜爱的活动之一。因此，科学活动在幼儿园活动中有着重要地位，是探索事物变化原因和规律的实践活动。在科学活动中，教育的核心是激发

幼儿探究兴趣，促使其积极体验探究过程，发展初步的探究能力。教师要善于发现和保护幼儿的好奇心，充分利用自然环境和实际生活中的机会，引导幼儿通过观察、比较、操作、实验等方法，发现问题、分析问题和解决问题；帮助幼儿不断积累经验并运用于新的学习活动，形成受益终身的学习态度和能力。

（一）概念界定

1. 幼儿科学教育

卢乐山、林崇德、王得胜等在《学前教育百科全书》中指出："教师应该从幼儿熟悉的周围环境出发，引导幼儿认识周围环境，从中获取科学知识和经验，让幼儿掌握科学的方法和技能；培养幼儿对科学的兴趣和求知欲望，进一步发展智力、语言和动手能力，培养幼儿对周围世界的积极情感和正确态度。"郦燕君认为，幼儿科学教育是指"教师引发、支持和引导幼儿对周围物质世界进行主动探究，以帮助他们形成科学情感和态度，掌握科学方法，获得有关周围物质世界及其关系的科学经验的活动"。李慧认为，幼儿园科学教育指的是教师支持、引导、引发幼儿主动探究，让幼儿经历探究、发现的过程，获得对周围物质世界的认识。综合学者们的观点，笔者认为，幼儿科学教育是指引导幼儿探索周围世界，培养幼儿对科学的兴趣，激发幼儿的探索精神。

2. 幼儿园科学活动

幼儿园科学活动是以科学领域中的学习内容为落脚点，面向全体幼儿实施的科学教育活动。其实质是对幼儿进行科学知识、科学的方法与技能、情感态度等科学素养方面的早期培养。张鲁青在《幼儿园科学教学活动中幼儿提问特点的研究》指出，幼儿园科学活动是指在幼儿园开展的正规科学教学活动，即教师依据科学领域的教育目标，在与科学探究相适应的环境下，在某一固定时间，有目的、有计划地以集体或小组的基本形式开展，指导幼儿进行以科学探究为主的学习活动。陈玉玲在《浅析幼儿园科学教育内容的设计与构建》一文中认为，幼儿园科学活动是培养幼儿基本科学素养的教育活动。综合学者们的观点，笔者认为，幼儿园科学活动是指幼儿教师为了发展儿童的科学经验，有目的、有计划、有组织地提供

给儿童获得科学经验以及科学体验的各项活动。

（二）研究对象的选取

笔者在中国知网数据库中以"科学活动""幼儿"为主题词进行精确检索后，得到2638条检索结果，其中学术期刊525条，硕士论文119条，研究成果丰富。以"科学活动资源"为主题词，共得到523条检索结果，多以学前教育领域研究为主。笔者又以"幼儿园科学活动资源"为主题词进行检索，共得到56条检索结果，以自然资源、本土资源研究为主。本研究主要以项目活动研究为载体，提升幼儿核心的科学素养，因此，最后我们以"项目活动""科学活动资源"为主题词进行检索，仅得到9条检索结果，均为学术期刊。其中2篇是以微项目活动的开展为内容的研究科学资源，1篇写"玩中学"科学项目活动资源的开发与利用，其余均不是学前教育领域的研究。

（三）科学活动课程的理论回顾

1. 关于科学活动目标的研究

冯丹，吴明宇在《浅析幼儿园科学课程价值取向》指出，科学活动及其实施教育的首要目的不在于让幼儿掌握所学知识的数量，而是鼓励激发幼儿通过主动实践探索、主动研究发现去认识社会自然现象，提高幼儿探究科学真理的欲望。高凤欣在《STEAM理念视角下幼儿园科学领域活动设计的行动研究》中指出，实施科学活动的目的是让幼儿在不断进行问题探索与解决的过程中，掌握探究的方法，学会知识的迁移，提升解决问题的能力。可以发现，学者们对科学活动实施目标的探讨，主要围绕幼儿探究能力的发展进行，旨在激发幼儿的想象力、创造力。

2. 关于科学活动实施内容选择的研究

现有的研究和政策从以下方面对科学活动的内容进行分类。第一类是按照幼儿年龄特点划分内容。《3—6岁儿童学习与发展指南》认为，幼儿年龄不同，科学活动实施的内容也不同，"3—4岁幼儿可以感知事物的特征"，"4—5岁能在感知的基础上对事物进行探究"，"5—6岁可以进行简单的观察、比较、验证"。第二类是根据幼儿的生活经验分类。陆纯在

《幼儿科学活动教学策略研究》中认为，科学课程应该回归到儿童的真实世界之中，以幼儿感兴趣的内容作为教学内容。第三类，将幼儿科学活动细化成一些相对具体的科学内容。张俊在《幼儿园科学领域教育精要：关键经验与活动指导》中明确指出，幼儿园科学活动实施的内容应该包括生命科学、物质科学、地球与空间科学三大核心概念。赵芹英在《幼儿科学教育内容选择的问题与对策》认为，当前科学活动内容的选择缺乏系统性和全面性，所以教师在选择内容时首先要认真研读幼儿相关科学教育标准，然后围绕当前教学主题进行科学活动内容选择。

3. 关于科学活动实施的研究

章晗在《幼儿启蒙科学教育实施现状调查研究》中提出，幼儿园科学活动的实施不仅需要幼儿园、教师的努力，还需要各方面的配合和支持，家长和相关教育行政部门的重视和支持可以促进科学活动顺利施行。齐雪琴在《幼儿园科学教育活动有效实施策略分析》中认为，在幼儿科学活动实施过程中，教师应根据不同年龄阶段孩子的需要和具体活动情况，构建或创设情境，以确保幼儿可以在学习之前获得良好的动力激发和引导，为科学教育工作的有效开展带来助力。阮立萍在《幼儿园科学活动中实施"对话学习"的有效策略》中指出，在科学活动中，教师应该为幼儿营造"对话氛围"，设计多样的对话形式，深化对话内容，很好地促进幼儿动手能力、语言表达、探究讨论等科学思维的发展。兰玉玲在《交互式电子白板在幼儿园科学活动中的有效运用》中指出，在活动实施中可以利用多媒体课件为幼儿创设情景，将交互式电子白板应用到幼儿科学活动中，能够帮助幼儿更好地理解科学现象。陆纯在《幼儿科学活动教学策略研究》中认为，科学活动应该注重生活中的随机事件，应该让幼儿在生活之中去体验和观察，引导幼儿理解科学与生活的关系。

4. 关于科学活动评价的研究

王春艳在《幼儿园科学教育理论与实践》中认为，对幼儿的评价应该从四个方面出发，活动评价应该贯穿在整个科学活动过程之中，教师要关注幼儿在整个活动中的表现，要及时给予幼儿鼓励与指导性评价。教师既要重视学习结果也要关注活动过程。评价指标应多元化，评价的内容既要包括知识经验的获得，也要包括情感态度价值观的建立，同时应包括一些关键概念的形成。评价方法应多样化，教师可以观察幼儿的表现，还可以使用成长记录袋、与幼儿谈话、制订评定量表等多种方法。夏莹在《幼儿园科学集体活动中教师的评价行为研究》中认为，教师在科学活动中的评价行为大致可以分为三类：口头评价行为，行为评价行为和描述性行为评价。蒋佳玲在《幼儿园大班教师组织科学探究活动现状研究》中指出，幼儿园应在科学活动实施的评价方面进行多元化评价，教师要关注过程性评价、生成性评价和结果性评价。

综上所述，已有的研究多集中在幼儿园科学活动实施的内容选择和实施过程上，而对于科学活动实施目标设计、实施方法、实施手段和具体有效的评价方式的研究较少。而且已有的研究多数提出的是比较宏观的思想观点，针对现实问题的实证性研究不够深入。本研究力求理论结合实际，针对目标设计、内容选择、活动实施、活动评价等方面存在的问题，着重从实施主体的思想观念、课程制度建设、资源条件建设、教师能力建设等方面进行研究，并提出改进的对策。

（四）幼儿园科学活动资源研究的理论回顾

1. 关于幼儿园科学活动资源的研究

余丽霞在《幼儿园科学教育活动资源本土化的探索与实践》中通过对我国幼儿园科学教育活动资源本土化开发中存在问题的分析，指出要明确科学教育活动课程资源本土化开发的目标，要在本土化开发过程中重视评估课程资源，重视对这些科学教育活动资源的开发及利用，不断丰富幼儿园科学教育活动课程结构及课程内容，提升幼儿的科学思维及科学素养。黄玉倩在《巧用自然资源，开展科学活动：探究幼儿园大班科学区实践活动的开展策略》中指出，幼儿园应巧用自然资源积极探索推动大班科学区实践活动开展的教学策略，一是幼儿教师要加强学习，提高自身的专业能力；二是幼儿园应切实行动起来，做好科学区材料的有效引领；三是幼儿园应充分认识与分析材料，创造材料价值。李艳梅在《家庭教育资源在幼儿科学活动中的利用开发探究》一文中指出，家庭教育作为一种十分重要的教育形式，蕴含着非常丰富的科学教育资源，对幼儿创新性和创造力的培养来说具有非常重要的价值。王春在《乡土资源在幼儿园科学活动中的运用》中认为，幼儿的科学探索应从身边的事物开始，教师应给他们提供空间、材料、时间和机会，充分利用乡土资源，使之成为幼儿学习科学知识的对象，促使幼儿发现其中的趣味，激发科学探索的兴趣。

2. 关于幼儿园科学活动资源开发的研究

张爱玲在《幼儿园科学教育活动本土化开发和利用研究》中通过科学教育活动本土资源现状分析与策略研究，认为幼儿教师应该在教育教学过程中积极引进本土化教学资源，积极推动幼儿教学资源的本土化发展，因为这样能够进一步推动幼儿全面发展，保障地方特色文化的传承。林佳在《节气资源在幼儿科学集体教育活动中的开发与利用研究：以长沙市天心区A园为例》中提出了四点建议：完善节气资源库；增强教师人文和专业素养；加强家园和社区的联系；制定促进教师开发利用节气资源的良好机制，进一步提高节气资源在幼儿园开发与利用中的实效。包娟在《科学探索活动资源在幼儿园的开发和利用策略》中认为，在科学活动中选择多样化的活动内容，融入互动环节，鼓励幼儿主动探索，是促进幼儿园开发和利用科学探索活动资源的有效措施。王敏在《幼儿园科学教育生成性课程资源的开发》一文中，从幼儿本身和教师挖掘两个方面论述课程资源的开发策略，认为幼儿园应妙用幼儿的兴趣资源、巧用幼儿的经验资源、活用幼儿的生活资源，挖掘教师的生活经验资源、激活教师的教育资源、捕捉师幼互动中偶发的课程资源。

3. 关于幼儿园项目活动与科学活动的研究

江辉在《基于项目教学的幼儿园科学主题活动实践》中首先分析了传统科学教育的主要问题，提出将项目教学纳入幼儿园科学教育活动，更好地激发幼儿的内部学习动机，可以促进幼儿学习能力的发展，使之养成科学精神、探究态度和良好的学习品质。孙泽文在《基于项目教学的幼儿园科学领域活动的行动研究》中认为，基于项目教学开展幼儿园科学活动有利于促进幼儿科学探究能力的发展和科学知识与经验的获得，有利于幼儿主体能力的发挥，有利于教师的科学活动主题策划与专业实践能力的提升。赵维霞在《从科学活动走向项目建设》一文中，从科学活动到区域游戏再到项目建设，深刻分析了幼儿观察、发现、思考、想象的科学区域项目建设活动情况，使我们感受到了科学探究的神秘、探究过程的意义与探

究成功的满足。

通过对已有文献的阅读与梳理发现，已有的研究多集中在幼儿园科学活动课程的研究特别是科学活动实施的内容选择和实施过程上。对于科学活动资源的研究也更侧重于本土资源、自然资源与家社资源的研究，对利用科学活动资源的开发研究比较少。从科学活动与项目活动的链接上可以看出，项目教学与幼儿园科学教育活动之间有着密切的联系，很少有研究集中于探讨通过项目教学开展幼儿园科学教育活动去激发幼儿兴趣、发挥幼儿主体性，实现课程的整合和开放上。虽然以项目探究为核心的幼儿园科学教育活动普遍受到重视，但是在教学活动开展过程中，往往更多的是运用项目教学的形式，而非一个完整的项目探究，对于项目活动中的科学活动资源研究几乎没有涉及。

三、幼儿园项目活动资源研究理论回顾

（一）缘起

活动资源的内涵和外延在课改中逐渐拓宽，幼儿活动资源正变得越来越多样。活动资源不必局限在一方教室内，一切能为幼儿教学服务的资源都是潜在的活动资源。筛选适合的、典型的、最优的课程内容，有利于幼教课程的落实，是对立德树人培养目标的更好呼应。笔者认为，课程内容应符合活动的教学逻辑，贴合幼儿的学习需求，还要兼顾时代的主题背景，力求做到科学性、实践性、时代性的有机结合，活动资源的开发应满足活动、幼儿、课改提出的要求。新课标更强调教学方法的多样化、现代化，幼儿教育正从单一教材和一个教室空间的教学模式转变成充分利用多种资源的高效项目活动教学模式。我们应善于把幼儿带到社会的情境中，设置并简化现实社会中存在的问题，将课程活动与生活实践相结合，让幼儿在得出答案的同时习得知识与技能。校外活动资源包括道路交通规划、展览馆、博物馆、公园、农田风光、文物古迹、文化艺术等内容。

重视本地区域特色，在新课程改革背景下进行研究，有利于丰富课程内容，培养幼儿学习意识，为教学活动开辟广阔的实践空间，这样不仅应

用于课堂教学中，而且与现实生活相联系，提高了幼儿活动资源的利用效率。

（二）理论基础

1. 认知学习理论为活动资源开发提供了应用思路

认知学习理论倡导自主学习，布鲁纳提出发现学习法，倡导幼儿积极观察周边的环境，对感兴趣的事物进行思考、探究内在逻辑。祁佩耘在《民间传统游戏资源在幼儿活动中的运用》中指出，幼儿园的学习，是幼儿观察成长环境并感受事物演变的过程。幼儿园应在此基础之上通过思考幼儿生活中的成长现象，从中发现成长问题，再经过思考和收集资料最终解释成长规律，解决成长问题，从而帮助幼儿获得知识和技能，培养社会实践能力。另外，该理论在突出幼儿在认知过程中主体作用的同时，仍强调教师的指导作用。教师是引导者和帮助者，教师应通过提供恰当的、具有代表性和吸引性的学习环境，引导幼儿通过观察绘本动画情景，总结绘本动画特征，再与别的绘本动画类型进行比较，提高学习能力。

2. 体验学习圈为活动资源实际应用提供参考

大卫·库泊在他的著作中提出了"体验式学习"这一概念，他在总结杜威、皮亚杰等的学习模式之后指出，经验学习是一个依次循环的过程。该过程包含体验、反省、抽象概念化、主动实践。这四个阶段依次形成一个学习圈。

张莉等在《自然资源在幼儿活动中的运用》中认为，知识的获得首先来自人们的体验，如在海岸地貌的考察中幼儿可从感官上直接获取经验。幼儿可依据已有的知识经验，对本次体验进行解构，思考核心问题，如某一绘本课程的主要特征。然后将第一环节的直接经验和第二环节思考的结果转换为符号语言，进行抽象概括，将有限的经验归类、条理化，实现知识"内化"。实践环节是将前述环节中建立的知识架构应用到全新的情境中，达到学以致用的目的。

（三）关于活动资源的类型

绘本资源是幼儿教育中主要的书面材料。绘本资源是通过动画、文字符号来表达信息的图书资料。邹珍珍在《绘本资源在幼儿活动中的有效利用》中指出，教师在开发与利用绘本资源的过程中，要选取恰当的绘本素材，尽量选用一手素材，并注意对绘本资料进行辨识，选择与幼儿相匹配、与教学目标相适应的内容。通过多层面、多角度地对绘本资源进行开发，激发幼儿的学习兴趣，加强幼儿对知识的整体感知，从而拓宽幼儿的视野。

乡土游戏资源作为一种重要的活动资源，对于培养幼儿的爱国情怀有着重要的作用。林彩虹在《挖掘乡土游戏资源，助推幼儿区域游戏活动》中指出，教师在讲授课时，可以大量收集有关本地区文化的相关资料，并结合多媒体直观展示给幼儿，引导幼儿积极发言，形成共性的情感体验，教师也可以带领幼儿参观本土活动资源，促使幼儿加强对所学知识的整体感知。

网络资源是指存在于互联网之中，有利于实现幼儿教育课程目标的一切有利因素。网络资源因其具有丰富性和时效性，有助于培养幼儿自主、探究的学习方式，培养幼儿的综合实践能力广受欢迎。幼儿教师可以根据教学目标和幼儿原有的知识基础，确立一个研究主题，并将所有幼儿分成若干个小组，指导幼儿通过互联网进行相关资源的搜索、筛选、收集和整理，在获取网络资源的过程中，教师要指导幼儿辨别网络资源的真伪，不能全盘吸收网络上提供的信息，要适当地对网络资源进行取舍。屈月娟在《探究乡村自然资源在幼儿活动中的融合》中指出，对于一些不能确定是否具有权威性、准确性的网络资源，教师可以引导幼儿翻阅相关的绘本资料，对所收集的网络资源进行验证，进而提升幼儿在实践中运用知识的能力。对网络资源进行开发与利用，不仅有利于开阔幼儿的眼界，更有利于培养幼儿自主探究的能力。

（四）幼儿园项目活动资源的研究进展

浙江省瑞安市滨江幼儿园开展《"亲亲瑞安"本土活动资源开发与整合》的课题研究，将当地资源分为本土特色、民间艺术、名人轶事、民俗风情、名胜古迹、本土经济等六大模块，并且将这六大模块融入环境创设与教学实践活动中，得到了很好的反响。广州市西关幼儿园对当地西关文化进行了较为深入的分析，提炼归纳为粤语童声、风景名胜、粤语韵味、风俗礼仪、吃在广州、美在西关等六大类，然后进行主题活动，较好地促进了儿童情感、态度和价值观的发展。浙江省绍兴市灵芝镇嘉惠幼儿园设立了民俗游戏活动区、本地资源生产区和乡土风情展示区，利用了农村幼儿园的优势，丰富了幼儿园的课程设置。这些幼儿园的做法值得我们借鉴。

1. 关于本土资源开发的研究进展

《幼儿园教育指导纲要（试行）》指出："充分利用社会资源，引导幼儿实际感受祖国文化的丰富与优秀，感受家乡的变化和发展，激发幼儿爱家乡、爱祖国的情感。"叶丹全在《如何把本土资源融入幼儿活动区中》中指出，教师在努力创设一个具有本土传统艺术文化园本教育课程的过程中，首先应当注意的是教师如何引导全体幼儿切身地主动参与到这次教育活动中来。教师不仅要把具有家乡文化风格、传统文化味儿浓郁、具有广泛挖掘教育价值的本土传统艺术文化特征充分展现展示出来，给幼儿以一种纯真的文化启迪、美好的文化熏陶、和丰富的精神享受，让全体幼儿都能够产生丰富的文化思维力和构想。

陈晓阳在《幼儿活动教学资源的开发和利用》中指出，教师作为当前幼儿活动的指导者和支持者、合作家、引领者，应在教学过程中转变教育思想，以新型的教育理念、手段，积极主动、充分利用和开拓出适合于本班各年龄阶段幼儿所需要的教育课程内容，积极研究和开发具有当地特色的文化和教学活动资源。教师在组织这些幼儿活动时，要把那些具有本土民族特色和传统文化的儿歌、小吃、工艺等作为幼儿园活动的主角，如山西的剪纸工艺、山西民歌《人说山西好风光》等。为了让每个幼儿都深刻感受到当地特色传统文化中的正能量，教师应当有针对性地选取健康积极、具有教育价值和实践意义的课程内容，根据幼儿的成长年龄特征、学习兴趣，设计一项恰当的课堂教学活动。

良好的人际交往环境是一种良好的教育资源，在创设幼儿园的环境时，教师要着眼于周围环境对小朋友的熏陶和情绪感染，使得幼儿能够感受到具有当地特色和传统文化的浓郁氛围。在幼儿园开展具有当地特色的文化活动之前，幼儿园教师也可以事先创建活动区域。比如，在举办当地特色文化活动"风筝展览会"的前一周，教师可会向全体家长及社区发一份通知，要求父母及社区的居民帮助幼儿去网上搜集与风筝相关的资料并亲自制作一些风筝，有选择性地将其布置在走廊和区角中。

屈月娟在《课程游戏化背景下乡土资源在幼儿活动中的融合》指出，在日常教学中，教师要改变让幼儿在课堂中学习的固定思维，在教学方法中感受本地文化的生命力。应该带领幼儿去大自然中去探索与感受，在大自然中去学习。教师可以运用本地的文化资源和自然资源，让幼儿耳闻目睹，亲身感受，教师还可以在课程中融入本地传统艺术文化的内容，确保教学三维目标的达成。

徐贤在《幼儿教育活动影像资源的有效利用》指出，教师可以在教学中设计增加关于本地传统艺术文化的主题活动，确保每周一次。教师在开展主题活动时可以让幼儿和家长一起收集有关本地传统艺术文化的内容，然后与大家一起分享。这种活动有利于融洽亲子关系，让幼儿和家长进一步了解本地文化，从而逐渐加深对本地文化的兴趣。

2. 关于活动资源创设的研究进展

龚宇在《幼儿学习活动资源包助力幼儿探究式学习研究》中认为，幼儿园应该创设特色教育环境，如在墙面上、美术室里为幼儿提供大量易于接受的、民间艺术图片、各种手工作品等供幼儿欣赏阅览，感受民间文化习俗，使幼儿在日常生活中耳闻目睹民间艺术，观察、感受民间艺术的美，不断了解自己家乡的文化特色。

于媛媛在《探索适合开展幼儿科学教育的活动资源》中指出，幼儿在玩中学、做中学、学中玩，在不同的活动中将自然而然地提高审美能力。对本土文化的探寻能够有效促进幼儿智力的发展，挖掘幼儿潜在的能力，使其智力得到最大的发挥。另外，由于本土文化都有独到之处，能深深吸引每一位幼儿，可以大大激发幼儿学习的积极性。让幼儿每天都能听到和看到本地传统艺术，感受传统艺术的美，了解家乡的文化特征，有利于提高他们的审美能力。总之，探索当地文化可以有效地促进幼儿智力的发展，开发幼儿的潜在能力，极大地激发幼儿的学习热情。

3. 关于应用活动课程开发的研究进展

计良华在《丝绸文化背景下幼儿自主性游戏活动资源库建立的实践研

究》中指出，教师在组织本地传统文化主题活动时，可以根据幼儿的需求为幼儿准备需要的素材和教具，以供每位幼儿在活动中动手尝试和操作。这样的活动能够满足幼儿的动手需要和想象力，促进幼儿的主动学习能力。例如大班的幼儿认识家乡的山水时，可以为他们提供纸和笔，让他们画出自己眼中家乡的山等。

周琳在《幼儿户外活动资源开发与利用研究》中指出，教师可以在教学活动中，运用现代科技教学方法，提升幼儿学习的主动性。通过多媒体影像、视频的展示，可以将幼儿已有的关于本地传统文化的生活经验进一步巩固，从而激发幼儿对家乡的热爱之情。

总之，将当地的文化融入幼儿教育课堂中，可以使幼儿园课堂更具有生活性、趣味性。从知识、能力、态度、情绪及技巧等多种方面对幼儿进行整体的综合素质教育，可以促进婴幼儿全面、和谐地发展。

综上所述，目前关于幼儿活动资源开发利用的相关文章都侧重于研究幼儿活动资源开发与利用的作用、在活动资源开发的过程中应坚持的原则、开发与利用课程活动资源的手段，或者有针对性地研究个别资源，例如乡土游戏资源、网络资源的开发与利用，整体而言对幼儿活动资源的论述较为笼统，只是简单利用以往的经验对活动资源开发与利用的相关内容进行总结，没有深入研讨活动资源开发过程中存在的问题，更没有针对存在的问题提出配套的解决方法。基于上述原因，幼儿活动资源的概述、分类、开发与利用课程活动资源的过程中存在问题及其解决方法就成为后续研究者论述的重点内容。

第四章
幼儿园项目活动资源开发行动框架

一、项目活动实施路径

温江区实验幼儿园在 68 年的发展历程中长期走科研兴园之路，以科研助推课程建设，致力于构建科学特色的园本课程，培养幼儿科学素养，逐步形成了生活科学教育特色，全面促进了幼儿的健康发展。在"实"文化办园理念指引下，幼儿园已经架构形成了"蕴生活之美，尚科学之品"为核心的园本课程体系。从基础性课程和特色实施课程方面整体规划，为幼儿全面发展提供了系统性的课程内容。并且在长期的教育科研改革和课程建设实践中一直持续进行研究，历年来在科研中取得的成果在园内及其他地区园所得到了应用及推广。如 2018 年幼儿园申报立项的省、市、区三级课题"运用'STEM＋'学习方式培养幼儿科学素养的实践研究"，已在前期顺利结题。该课题教研组以微课题形式展开子课题研究，在教学实践中尝试运用"STEM＋"整合理念，形成了培育幼儿多种素养的项目课程实施路径，也凝练出项目活动最初实施的蓝本，为进一步物化形成目前课题"支持幼儿园项目活动开展的资源开发研究"中有关幼儿、教师资源开发路径、策略研究提供了有效铺垫。

在以运用 STEM＋学习理念、以项目式学习为载体的课题研究中，幼儿园课程研讨小组根据项目课程的主题框架，探索出了以"项目活动实施五部曲"方式实施项目活动的路径，此"项目活动实施五部曲"即依托课程主题和幼儿需求选择项目内容确立项目主题；采用头脑风暴方式，研制项目学习网络图，厘清项目学习内容；开展实地调查，收集资料丰富幼儿经验；推行探究记录与亲身操作体验，以获得亲身感知并突破问题；利用多种途径总结，展示分享项目成果。具体实施路径也可以简化为生成项目活动主题、研制幼儿项目学习网络图、实地调查收集资料、探究记录与操作、展示分享与成果交流等五部分。为项目资源开发课题进一步凝练策略提供了参考。以下为项目活动"五部曲"具体实施路径。

路径一：确立主题——依托课程主题和幼儿需求选择项目内容

教师在园本课程指导下，根据不同的主题选择项目活动的切入点，或结合班级幼儿的年龄特点和感兴趣的探索问题，生发形成项目活动。

如：大班幼儿在开展环保教育活动关于纸的回收过程中，孩子们对可回收垃圾和不可回收垃圾进行了列举。幼儿对可回收垃圾中的纸产生了很多疑问：为什么纸可以回收？怎样回收？回收的纸又可以做什么？

老师观察发现，幼儿对纸保持着非常高的关注度与兴趣，产生了许多有趣的疑问。而弄明白纸的产生、用途及回收过程不仅能加深幼儿对纸的认知，也能对纸的回收再利用进行深入了解。纸和我们的生活紧密联系，取材方便，老师认为幼儿园具备开展这一项目活动的前提条件，于是将项目活动的主题定为"纸趣横生"。

又如：中班项目活动《宠物乐园》是一个结合班级幼儿的年龄特点和感兴趣的探索问题生成的非园本课程主题下的项目主题。

开学初，班级教师一直在探寻幼儿喜欢的生活事件与关注的问题，想以此来作为项目活动的切入点，拟定出适合项目活动的主题。恰巧班级孩子在动植物饲养角饲养了一些小动物，孩子们都非常喜欢观察和照料。有一天，班级老师突然听到区域活动时两个小朋友在聊天：乐乐：你小心一点，不要把乌龟的家撞到了！乔乔：你也不要把我的鱼缸弄坏了。馒头：你们都带了宠物啊？跳跳：你说宠物啊？什么宠物？区域角的幼儿开始七嘴八舌地说了起来。显然，小朋友对宠物这个话题非常感兴趣。老师在与孩子们的交流中发现，他们对动物的习性有些基础性的认识，很多幼儿对养宠物有一点经验，但还是不能避免动植物角偶有动物生病情况的出现，并且小朋友对动物生病事件的关注度普遍较高，他们都想知道小动物为什么会生病甚至离开，于是班级项目活动"宠物乐园"诞生了。

路径二：头脑风暴——研制项目学习网络图，厘清项目学习内容项目主题确立后，教师就应该围绕孩子发展的关键经验和核心素养，思考项目可以通过哪些活动达成发展孩子的目标。教师应结合项目教学理念整合教育素养的要求，与孩子共同商量讨论项目的话题，确定每一次活动的主要内容和目标任务，形成完整的前置性学习网络图，反映出项目活动的学习过程。同时，要思考开展项目活动的途径，如依托集体活动、区域活动、家园活动等。

设计前置性思维导图，可以有效避免教育内容的无措性，即教师对课程脉络不清的情况与讲课内容不适切的情况。透过前置性思维导图看到，孩子们将在一系列的活动中整合科学、技术、工程和数学等多领域知识经验进行深入探究，发展多元智能，激发学习主动性，促进思维的发展。应当注意的是，项目活动与主题教学不同，它在具体活动实施中的变通性、生成性更大，所以教师应根据项目推进过程中修改和调整前置思维导图，项目结束后形成的最终思维导图才是该次项目活动的实际版本。

路径三：实地调查收集资料——丰富幼儿认知经验

实地调查收集资料是为了丰富幼儿的前期经验，让幼儿在实地参观、了解中形成直观印象，为项目活动的学习做好准确。可以由幼儿园集体组织、分小组组织调查参观和体验活动，或是访问相关的老师、同伴、长辈，也可以邀请父母家长带领孩子亲身体验、观察操作等。在实地调查收集资料的过程中，幼儿可以通过绘画、写作、素材收集等来记录他们观察和收集到的信息，为接下来的项目探索做好充分的前期准备。

如大班项目活动《叶子礼品店》项目产生的背景为孩子们期盼已久、属于自己的科技节即将盛大开幕，它是幼儿园园本课程主题探索下的节日教育内容。为迎接这一时刻的到来，全园幼儿围绕科技节自选项目热火朝天地自主筹备起来。我们班选择的是"我为科技节做礼物"这一活动。刚开始孩子们想到了各种各样的礼物，如玩具、手工作品、糖果、零食、花朵等，他们还画了出来，最后通过比较、讨论，大家一致决定自己动手做手工作品送给参加活动的客人。可是做什么呢？孩子们你一言我一语地说出了许多的想法，为此还引发了一场书信大潮，园长妈妈还特意回了孩子们一封信。结合园长妈妈的期盼，正巧我们刚刚进行了"秋天多美丽"的九月园本课程主题探索，孩子们对这个季节独特、美丽的叶子甚是喜爱，对科学区存放的叶脉书签产生了浓厚的制作兴趣，也生发出许多有关叶脉书签制作的有趣的问题，因此一项关于"科技节—秋叶礼物"的项目活动诞生了。后期随着项目的深入、问题的不断产生，我们的微项目变成了大项目，项目活动的主题最终确立为"叶子礼品店"，大家第一次听到"微项目"这个词，可能不是很理解，所谓微项目，顾名思义就是微型的、探索时间稍短的项目，它的周期可能就一至两周，孩子们需要解决的问题和困难只有一两个；所谓大项目，是指孩子们在一个项目活动中的探索用时超过 3 周甚至达 5 周，他们往往需要解决若干小问题才能解决最后的问题，这样的项目活动对于幼儿园来说就是一种大型活动，因为它探索的范围、涉及运用的经验一定程度上来说更丰富，而探索会更深入。但是，无论是微项目还是大型项目，由于都有明确的问题导向性与任务解决的要求，所以在具体的开展过程中都有一些实地调查收集资料的过程。

在实施《叶子礼品店》项目活动过程中，孩子们进行叶脉书签礼物的制作时，首先回家收集了叶脉书签的制作方法视频、图片请家长传给老师，并到园内集体交流了各自的制作方法，而后大家一起在幼儿园户外操场收集了许多的落叶，将它们按照不同的种类分类装进不同的篮子里带回教室，进行了第一次叶脉书签的制作实验。但由于受各种因素影响，最后制作成功的幼儿寥寥无几。于是，不少幼儿产生了叶脉书签很难做的想法。此时教师适时介入，引导孩子寻找合适的地点进行二次尝试，这次孩子们提出了想在家里实验的要求，于是，带着第一次实验出现的诸多问题，孩子们回家进行了第二次实验，并在爸爸妈妈的带领下围绕各自感兴趣的问题探索出了答案。如在班级第一次的集体探究过程中，大家都发现了一些诸如"煮叶子时发出的味道怎么臭臭的？叶子为什么煮的时候会卷起来？叶子为什么很容易就被刷破了"等问题。在家里进行第二次实验时，孩子们带着各自感兴趣的问题有针对性地进行了探索，最后不仅在叶脉书签制作的成功率上有了提升，而且对第一次实验中出现的问题有了新的认识。

当所有叶子礼品制作完成后，幼儿对怎么包装叶子礼品又产生了疑问，于是孩子们分享了在实体店或网络上看到的各种礼物包装，还就前期调查的各种包装方法进行了交流，如礼盒、礼袋、礼篮等包装方式以及包装的制作材料是怎样的，并且在第二天自带材料按照自己喜欢的方式进行了初次包装设计。最后经过自主评选，孩子们选出了最适合的包装，淘汰了不合格的包装，大家公认梓辰小朋友带来的自制礼袋非常适合包装我们的叶子礼品，于是销售部的小朋友开始在其基础上改装并进行量产。

像以上在项目具体实施过程中需要走访调查、实地收集资料、实地体验的内容还有很多，因为有了这些内容的积淀孩子们才能获得实地经验的积累，也为项目的持续推进、问题的有效解决提供了可靠的方式、方法。

路径四：探究记录与操作体验——获得亲身感知，助力问题突破

让幼儿通过绘画、设计图表、绘画、建构、舞蹈及扮演游戏等表征学到的一切，是幼儿园针对项目活动进行的深入、持续的探索活动。幼儿从发现问题、积极猜想、动手操作、记录体验和解决问题中，运用科学、技术、工程、数学等方面的能力，贯穿各领域的学习，在合作交往、讨论思考中获得知识、技能和情感等方面的充分体验，在实际记录、单独或合作式的操作、切身的游戏体验中一步步实现了自我的突破。比如在货架搭建中，我们可以透过三个连续性的学习小故事，看到孩子们是如何排除困难，实现自我能力提升的。

故事1：

在小朋友的策划下，"叶子礼品店"的各项工作都在紧锣密鼓地进行着。而"叶子礼品店"的礼品将以什么样的方式呈现出来，让我们的顾客购买呢？展示部部长耿浩然小朋友有着自己的思考和想法。

耿浩然在父母的陪同下参观了超市的货架，他在分享经验时说，货架有一排排架子的，有一个个柜子堆放的，有挂钩式的，并说我们的叶子项链可以用挂钩的方式来呈现，我们需要搭建一排排的货柜。

大家同意了浩然的想法。要搭建货柜了，孩子们先画了理想的设计图，可是在接下来的搭建环节，工作显得比较混乱，小朋友都各自搭建自己的货架，整个展示部材料堆积，显得毫无秩序。由于没有商量，没有计划，第一次搭建，孩子们以失败告终。

故事2：

几日过后，展示部的小朋友又重新开始搭建货架。这一次部长吸取上一次失败的经验，活动开始就给组员分配了任务，还制作了分工图谱。每

位组员都服从部长安排，开始工作起来。可是，不一会儿，展示部传来一阵吵闹声，只听浩然哭着说："乐乐把我刚搭好的礼品货架碰倒了。"

乐乐委屈地说："我不是故意的，我只是想从耿浩然身后拿积木，不小心把货架碰倒了。"教师低身为小耿擦干眼泪说："搭了这么久的货架，被碰倒了，肯定很难过。"见浩然情绪好转，教师又说："为什么货架一碰就倒了呀？超市的货架可是碰不倒的，如果货架倒了砸到顾客那可不好了。"浩然说："这里太拥挤了，我们转个身子，货架就倒了。"我说："那怎么样摆放货架才不容易倒呀？"子轩说："我们的货架排列在一起，腾出足够的行走空间。"于是子轩画了一幅货架摆放分布图，征询小朋友们的意见。大家一致赞同，于是大家照着设计图开始调整货架的摆放布局。

路径五：多种途径总结——展示分享、交流成果，引导幼儿树立自信心

教师可利用教室墙面、区域角、桌面、地面等空间充分展示幼儿收集的资料及工作过程，以多种形式组织幼儿开展经验分享交流，展示小组或是个人的进步及项目探索的进程。

如在《叶子礼品店》项目活动中，孩子们通过一步步探究，解决了一个个问题，逐渐在班级建立起像模像样的集叶子礼品加工、售卖、参观与旅游的自主游戏王国。孩子们还将在项目活动中形成的一些成果进行整理后予以展示，如在"叶子礼品店"中孩子们尝试制作叶脉书签，从对挑选树叶、煮、刷叶脉技术的了解，到孩子们清洗叶片、加碱煮沸、冷却清洗、去掉叶肉等实操步骤，他们在一步步解决问题的同时成功制作了许多精美的叶脉书签。而这些成果的展示，有利于树立他们项目探索的自信心。

因此，项目活动结束后，无论是孩子们在活动过程中的资料，还是探索中的作品，游戏中的创生成果等，都可以作为墙面环创的一部分或对外交流展示的内容。这些作品的充分展示在彰显班级项目活动智慧的同时，也给予幼儿继续扎实进行项目探索的动力，坚定了他们参与并挑战项目活动的信心与勇气。

以上是项目活动实施"五部曲"路径，当然，随着"支持幼儿园项目活动开展的资源开发研究"进一步深化，相信活动实施路径与资源开发路

径将进一步有效融合，教师、幼儿在项目课程实施过程中的专业性、能力水平将得到显著提升，成果也将更具系统性、推广性。

二、项目活动资源开发实施推进方法

随着幼儿园课程改革建设的不断推进，"以儿童为本"的理念已深入教师心中。在课程设置中尊重幼儿玩中学、做中学的学习特点，让幼儿以直接感知、亲身体验、实际操作为学习方式，在游戏、体验中建构经验，促进幼儿全面、个性发展，已成为幼儿园教育教学的主流共识。

在不断深入的幼儿园科学领域课题研究中，班级项目活动已成为师幼共同探索、研究的一个支点。为了充分体现"幼儿充分与环境、材料互动，在感知、操作中获得亲身体验"的儿童观，我们立足本园实际，寻找到限制发展的以下几个问题：

一是对周围资源缺乏系统调查，缺乏挖掘和利用。由于教师对项目活动的类型认识不明晰，在支持班级项目活动资源开发运用上表现为"大、一、统"，资源利用匹配度不高、针对性不强，未能对班级、园级乃至周边资源进行条理性分类及针对性开发与利用，导致幼儿使用资源时疲于表面摆弄，缺乏专注力，更谈不上深度探究，影响了幼儿多样化经验的有效获得。

二是部分教师对项目活动资源的开发利用缺乏儿童观。部分教师对幼儿活动和材料的关系认识不够，以资源为中心、为开发而开发的现象较多，对于如何为幼儿提供适宜的材料和指导缺乏研究和思考，因此，在幼儿园经常能见到教师管得多、指导过多的现象，在一定程度上剥夺了幼儿自我探索和发现、思考的机会。

三是部分教师专业能力不强。教师的专业能力不仅体现在资源意识上，还应具有活动资源挖掘和利用的能力，这种能力是需要在充分提高资源认识的基础上不断实践积累并不断完善的。教师只有拥有活动资源开发和利用能力，才可能真正胜任幼儿园教育工作。我们认为，部分教师在项目活动资源开发和利用上存在问题的根源就在于能力不足。

针对教师对资源认识与运用、幼儿与资源有效链接、资源运用成效等专业能力有待提高等问题，幼儿园针对项目活动展开了一系列探索，以期不断改进资源开发研究工作，确保幼儿得到更好的发展。

（一）研究工作总体安排

幼儿园研究工作的总体安排，如表1所示。

表1 阶段研究工作安排

	时间	工作重点	推进策略	工作保障
第一阶段	2020.09 / 2021.01	构建资源库	1. 以"33法则"操作路径，形成项目活动资源开发策略； 2. 以"四循环"研修模式，形成项目活动资源实践策略； 3. 以"案例分享"成果提炼，凝练项目资源开发成果。	经费保障
第二阶段	2021.02 / 2021.06	构建支持策略	1. 以小课题研究方式，探究教师在项目活动资源开发中的支持策略； 2. 以课程审议方式，提升教师项目活动资源开发支持策略有效性； 3. 以项目活动实践方式，探究教师项目活动资源开发支持策略。	小课题机制保障
第三阶段	2021.09 / 2022.01	途径和方法探究	1. 以小课题研究推进，探索幼儿在项目活动中开发资源的途径与方法； 2. 以"班级项目五部曲"，确定促进幼儿利用资源的发展途径。	教科研机制保障
第四阶段	2022.02 / 2022.06	制订评价指南	1. 以环境创设、课程故事分享方式，研究形成项目活动资源开发评价工具； 2. 以小课题为抓手，探究教师支持项目活动开展的资源开发策略。	成果推广机制保障
第五阶段	2022.09 / 2023.06	项目活动展示	1. 展览、展演项目活动成果。 2. 汇编幼儿园优秀项目（资源）案例集。 3. 物化成果，做好结题准备。	课题机制保障

在研究过程中，我们的主要做法是汇聚集体的研究智慧，通过"五步法"探索项目活动资源开发和运用途径，在保障研究整体效度的基础上，扫清阻碍，提升师幼开展项目活动资源开发运用水平。

1. 教师提升"双驱动"——提高理论研究水平

拟解决问题：在项目活动探究中，引导教师形成系统的资源意识。

不少教师过多相信自己的讲解和说明，没有真正把学习看作幼儿与周围环境相互作用的过程，看作激发、鼓励和指导幼儿动用多种感官获得经验的过程，甚至只把课程当作书本里的知识，而不是以后行动的指南。

推进方法：

（1）领域专家专题指导驱动

针对上述问题，幼儿园通过对国内在园本课程、项目活动、评价工具和幼儿园课题等领域专家的筛选和联系，一是初步形成了园级课题指导专家库，确定了拟邀请专家成员名单；二是就研究过程中的疑点、难点及瓶颈问题拟定清单，邀请专家入园进行指导观摩、开展线上线下专题讲座，已开展的阶段性培训清单如表2所示。

表2　阶段性教师培训清单一

培训时间	培训地点	培训主题	培训专家	参训教师
2020.12.29	温江区政通幼儿园	质量视野下的幼儿园课程实践与反思	黄　瑾	全体教师
2021.04.09	温江区实验幼儿园	幼儿园课程开发与课程分类介绍	杨其勇	彭海霞、余靖雯、张燕军、徐文、罗丹、龙泳君、朱慧、范裕、刘颖、胡佳丽、张晨、李小玲、刘纱杉、李冬梅、黄翠、李梦琳、李佳琦、王莹莹、鞠萍、周丽辉、李梓萱、张梦萍、严春
2021.04.27	温江区实验幼儿园	行动中的课程领导力——幼儿园课程方案的编制与完善	黄　瑾	全体教师
2021.05.14	温江区实验幼儿园	幼儿园项目活动中本土化资源开发与运用	白　华	余靖雯、张燕军、徐文、罗丹、谢小娟、张丹、李林矫、骆星丽、刘海燕、陈娇娇、何春燕、斯维佳、王献民、李选蓉、唐珑丹、微微、邓晓蓉、陈盼、闫雪涛、白华、彭麓月、陈兴玲

续表

2021.10.25	温江区实验幼儿园	幼儿园课程质量评价工具的简介与试用	魏婷	全体教师
2021.11.11	温江区实验幼儿园	"风筝探秘"项目活动分享	李林矫	李梓萱、范裕、罗正珊、黄翠、鞠萍、田雪丽、何姚、张坤、朱慧、张梦萍、张丹、刘颖、陈兴玲、李小玲、张晨、龙泳君、李梦琳、汪绪
2022.03.07	温江区实验幼儿园	"风筝"项目活动中资源开发与运用初探	斯维佳	李选蓉、何春燕、王献民、梁玮、周丽辉、闫薛涛、张梦萍、何姚、汪绪、邓晓蓉、谢小娟、陈娇娇、张丹、刘海燕、刘颖
2022.3.25	温江区实验幼儿园	利用绘本资源开展项目活动的实践研究	黄岚	彭海霞、余靖雯、张燕军、徐文、罗丹、闫薛涛、白华、王志惠、邓晓蓉、周丽辉、陈兴玲、张丹、谢小娟、刘海燕、骆星丽、李林矫、陈娇娇、魏巍、王献民、梁玮、李选蓉、斯维佳、何春燕蓉、周丽辉、陈兴玲、张丹、谢小娟
		从规范到优质，提升幼儿园瑞吉欧项目活动质量的思考	张光伟	

我们先后邀请了上海华东师范大学教授黄瑾、浙江师范学院教授王春燕、成都师范学院副教授杨其勇、四川师范大学教育学院博士魏婷入园指导培训，分别以"质量视野下的幼儿园课程实践与反思""幼儿园项目活动及实施""幼儿园项目活动"和"评价工具的使用"等为课题，就当前教育背景下项目活动的开展方式以及资源的有效开发、有效评价等问题邀请专家答疑解惑，提升教师对项目活动资源的开发认识和开发意识。

（2）园内教师示范引领驱动

在研究中，我们一是围绕教师对项目活动和主题活动的区别、项目活动资源的分类区分、活动资源开发方式和活动资源的能效测评等方面的认识进行了收集和统计。二是统合幼儿园成功实施项目活动的部分班级优质教师和教育资源，形成骨干教师名单，针对教师在研究推进中的问题，每月四次以实施案例分享和微培训的方式进行示范引领，内容涉及项目环境创设、项目活动组织与实施、家园项目支持、项目资源开发实操分享等，逐步扫清项目活动资源开发过程中遇到的障碍。已开展的阶段性培训清单如表3。

表3 阶段性教师培训清单二

培训时间	培训地点	培训主题	培训专家	参训教师
2022.04.13	温江区实验幼儿园	支持幼儿园项目活动中资源开发与利用的策略研究——以班级项目活动"蘑菇"为例	陈娇娇	李选蓉、何春燕、王献民、斯维佳、梁玮、魏巍、闫薛涛、陈兴玲、汪绪、邓晓蓉、鞠萍、何姚、谢小娟、胡佳丽、李林矫、张丹
2022.04.18	温江区实验幼儿园	幼儿园项目活动及实施策略	王春燕	彭海霞、蒋燕、余靖雯、白华、陈娇娇、斯维佳、彭麓月、闫薛涛、王献民、骆星丽、刘海燕、李林矫、杨敏、张燕军、徐文、罗丹、梁玮、谢小娟、严春、李选蓉、邓晓蓉、何春燕、王志惠、胡佳丽、韩雷
2022.05.06	温江区实验幼儿园	幼儿园项目活动资源之行与思	彭海霞	余靖雯、张燕军、徐文、罗丹、谢小娟、张丹、李林矫、骆星丽、刘海燕、陈娇娇、何春燕、斯维佳、王献民、李选蓉、唐珑丹、微微、邓晓蓉、陈盼、闫雪涛、白华、彭麓月、陈兴玲
2022.05.06	温江区实验幼儿园	项目活动资源开发案例分享	李梦琳	
2022.05.12	温江区实验幼儿园	项目活动资源走向儿童经验	张燕军	李选蓉、何春燕、王献民、梁玮、周丽辉、闫薛涛、陈兴玲、何姚、汪绪、田雪丽、谢小娟、胡佳丽、陈娇娇、李林矫、张坤、骆星丽
2022.06.09	温江区实验幼儿园	幼儿园里的项目化学习——科学素养实践下的 STEM 园本探索	闫雪涛	李小玲、黄翠、李梦琳、罗正册、韩雷、斯维佳、李梓萱、周丽辉、闫薛涛、张梦萍、邓晓蓉、王志慧、田雪丽、胡佳丽、陈娇娇、李林矫、张坤、骆星丽

续表

2022.06.24	温江区实验幼儿园	班级项目活动中家长资源的开发与运用	徐文	李选蓉、何春燕、王献民、斯维佳、梁玮、周丽辉、闫薛涛、张梦萍、邓晓蓉、王志慧、田雪丽、胡佳丽、陈娇娇、李林矫、张丹、骆星丽
2022.10.19	温江区实验幼儿园	"车轮滚滚"项目活动中如何利用有限资源	骆星丽	李选蓉、何春燕、王献民、斯维佳、梁玮、周丽辉、闫薛涛、邓晓蓉、王志慧、龙泳君、张晨、张丹、刘海燕
2022.10.21	温江区实验幼儿园	幼儿园班级特色环境的创设	刘海燕	李小玲、黄翠、李梦琳、罗正珊、韩雷、李梓萱、严春、何姚、谢小娟、张晨、李林矫、张坤、刘颖

2. 开发资源"四循环"——保障研究整体效度

拟解决问题：引导教师对周围资源进行系统调查、挖掘和利用。

由于部分教师对项目活动类型不明晰，在支持班级项目活动资源开发运用上表现为"大、一、统"，资源利用匹配度、针对性不强，未能对班级、园级乃至周边资源进行条理性分类及有针对性开发与利用，孩子与资源的互动成效不明显，探究停留在比较浅表的摆弄上，影响了幼儿多样化经验的有效获得。

推进方法：

提出构想 → 研讨碰撞 → 实践验证 → 总结提炼

图 3 "四循环"研修模式

在研究过程中，我们采用"四循环"研修模式以促进教师对资源开发实践策略的研究，即"提出构想——研讨碰撞——实践验证——总结提炼"。我们首先聚焦资源开发策略的瓶颈问题，通过大、中、小三级科研组开启集体智慧，围绕项目活动思维导图进行深度研讨交流，初步确定了班级项目资源开发策略。接着由教科室人员以包班指导的形式进行项目活动的推进跟踪，以各班级为单位进行策略经验的提炼，通过年龄组或全园集中分享、研讨的形式进行修正和优化，再回到实践中去验证。

以乖乖虎班的"绿道探秘活动"为例。在线上教学背景下，应该怎样让儿童对其感兴趣的绿道展开研究成了老师们的困扰。指导老师提出了通过"四循环"研修，以教师分享图片和视频、家长和儿童实地考察、儿童班级建构再现等策略，为班级项目活动开发出绿道建设者、维护者等人力资源，开发出绿道图片集、视频集等信息化资源和绿道维护手册、绿道设计图册等物力资源，丰富了项目活动资源库，也为教师进一步开展活动建立了信心，帮助儿童拓宽了知识面，解决了问题。

"四循环"研修模式以实践为指向，不断优化教师资源配置策略，助推了教师资源开发与课题研究能力的提升。阶段性研究记录清单如表4所示。

表4　阶段性研修清单

研修时间	研修地点	研修主题	参研教师
2021年 11月17日	实验 幼儿园	基于《支持幼儿园项目活动开展的资源开发研究》课题下的小课题研究	全体教师
2021年 11月26日	实验 幼儿园	主题《寻觅有效科研路径，提升课题研究质量》专家指导培训会	全体教师
2021年 12月14日	实验 幼儿园	《专家引领对话交流，主题活动深入探究》	全体教师
2021年 12月23日	实验 幼儿园	《支持幼儿园项目活动开展的资源开发研究》课程故事研讨交流会	教科室
2022年 3月9日	实验 幼儿园	《班级项目活动》实施现状研讨	全体教师
2022年 3月23日	实验 幼儿园	《创生项目课程，开发课程资源》	全体教师
2022年 4月18日	实验 幼儿园	《幼儿园项目活动及实施策略》研讨交流	全体教师
2022年 4月23日	实验 幼儿园	《支持幼儿园项目活动开展的资源开发研究》课题专家指导会	全体教师

2022 年 5 月 6 日	实验 幼儿园	《支持幼儿园项目活动开展的资源开发研究》阶段性研究推进活动	全体教师
2022 年 5 月 12 日	实验 幼儿园	《幼儿园班级小课题开展现状》研讨活动	全体教师
2022 年 6 月 8 日	实验 幼儿园	《开题明思路，携手促成长》小课题开题会	教科室
2022 年 6 月 20 日	实验 幼儿园	《班级项目活动案例故事分享》研讨活动	全体教师
2022 年 9 月 29 日	实验 幼儿园	《项目成果物化提炼》互动研讨	全体教师
2022 年 10 月 11 日	实验 幼儿园	《支持幼儿园项目活动开展的资源开发研究》课题研究推进会	全体教师
2022 年 10 月 17 日	实验 幼儿园	《支持幼儿园项目活动开展的资源开发研究》课题推进会	全体教师
2022 年 10 月 24 日	实验 幼儿园	《幼儿园小课题实施现状》互动研讨	全体教师

3. 审议：资源"螺旋式"——完善资源开发策略支撑

拟解决问题：引导幼儿成为项目活动的主人，合理利用周围资源

问题主要表现在：一是班级、园级材料投放随意零散，数量种类层次不分明，导致幼儿在项目活动中使用资源存在盲目性，未能激发幼儿深层思考和探究，不能充分支持项目活动开展；二是幼儿运用项目活动资源存在"被使用现象"，即老师安排或指导幼儿该用什么，或者因幼儿自我经验的欠缺而不知道该用什么，幼儿缺乏与环境创设的有效互动以及自主探索材料的机会，无法建立与资源之间的主动探究桥梁。

推进方法：幼儿园采用课程审议方式对项目活动开发资源的适宜性进行价值判断，通过教师和儿童两条脉络对资源进行"双螺旋"审议（详见图 4）。

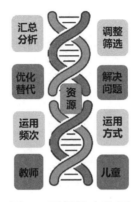

图4 双螺旋审议图

教师利用叙述故事、填写观察记录表或拍照、拍视频、分析儿童的讲述分享和操作记录等方式，对项目活动中资源被运用方式、资源被运用频次、儿童是否运用资源解决问题、资源之间是否存在可替代优化现象等进行分析，审议项目活动资源的适宜性，再通过汇总分析和筛选调整，改善资源库。同时，探究教师开发项目活动资源的观察与记录策略，探究教师对项目活动资源分析与评估的策略以及项目活动资源的观察与记录策略，以提升师幼有效开发和利用资源的能力。

以项目活动"情绪小怪兽"为例，教师在区角开发、投放了空白的心情记录本供儿童做记录，由于儿童书写"星期"两个字存在一定的难度，所以他们在日期的记录上出现了困难，孩子们不愿意记录日期。教师利用和儿童一同讨论的办法进行了记录本的优化：用图画代替文字进行记录，于是新的心情记录本出现了，其使用频率又得到了保证。（如图5）

审议前 审议后

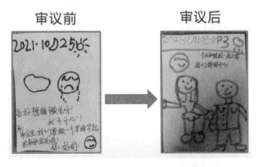

图5 "心情记录本"的优化

优化后的心情记录本能吸引儿童每日记录日期、天气、心情等，不仅能帮助儿童提高对日期、天气的关注度，也可以帮助儿童养成记日记的习惯，还能促进儿童在同伴中的交流和分享，引导儿童认真感受生活的美好。待活动结束时，心情记录本就成为孩子们身心健康发展的见证。

4. 研究资源"小课题"——分层推进班级研究

拟解决问题：

1. 由于幼儿缺乏与环境创设的有效互动以及自主探索材料的机会，所以他们在项目活动中存在不知道使用什么资源，老师说什么就用什么的现象，具体表现是活动中老师安排、指导幼儿该用什么幼儿就用什么，或者幼儿因自我经验的欠缺而不知道该用什么。

2. 项目活动主题与班级的课程建设、活动的开展组织过程、师幼互动同伴互动以及教师对幼儿活动行为的观察等资源缺乏有效联动。

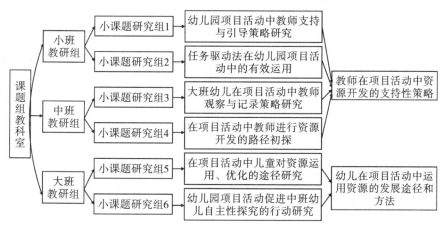

图6 课题组"1+3+6模式"

推进方法：我们针对幼儿园项目活动资源的开发与运用建立了小课题研究机制，形成了由点带面分层推进的小课题研究模式——"1+3+6模式"。"1"是指组建由幼儿园教学主要负责人牵头的教科室，以教科室牵头进行课题研究。"3"是指在全园分设小、中、大三个年龄段课题组，以年龄段课题组的方式统领和分解小课题。"6"是指3个年龄段课题组共包含6个小课题组，每个小课题组由2人组成。其中，有4个小课题组主要研究教师在项目活动中资源开发的支持性策略，有2个小课题组主要研究幼儿在项目活动中运用资源的发展途径和方法。具体方式如下：

一是分层推进小课题研究，探索教师在项目活动中开发资源的策略。我们由骨干教师带领新教师结合班级项目活动开展中的资源开发问题进行小课题研究，采取以点带面分层推进的形式，逐步调动全体教师的参与积极性。我们具体从探究教师在项目活动中资源开发的陪伴与参与策略、教师在项目活动中资源开发的支持与引导策略、教师在项目活动中资源开发的观察与记录策略、教师在项目活动中资源开发的分析与评估策略四个方面推进。

在小课题"大班项目活动资源开发中教师的参与陪伴策略研究"中，教师提炼出以下策略：（1）在项目活动推进过程中，教师应退居儿童身后，认真观察儿童项目活动走向，适时给予其帮助；（2）教师要以合作伙伴的身份参与儿童的项目探究，适时提出问题激发儿童思考探索，根据儿童个体差异给予不同的陪伴。

二是聚焦幼儿发展小课题研究，探索幼儿在项目活动中运用资源的发展途径。开展项目活动的意义在于促进幼儿多元能力的全面发展，小课题研究立足幼儿视角，从培养幼儿发现问题、持续探究、小组合作、成果展示等方面的能力出发，探究项目活动资源开发促进幼儿发展的有效途径。

在小课题"大班项目活动中幼儿任务意识培养实践研究"中教师提出，在项目活动开展过程中应建立任务清单，培养幼儿的任务意识。如：项目活动开始时，大班幼儿能根据班级项目活动自主罗列所需材料，并按清单寻找材料；项目活动实施中幼儿能够自主分工，确定各自任务并寻找相关资源开展探究；项目活动结束，幼儿能思考如何展示项目活动探究成果，并积极完成对项目活动成果的各类展示。

5. 展示成果"多渠道"——闭环进行分析评价

拟解决问题：实现班级项目活动表征、展示的多元化、数据化。幼儿园项目活动资源收集以图片提供、调查图画、文字书面材料居多，这些材料是否为班级项目活动的持续开展提供了积极的效能？是否促进了幼儿的发展？这些发展变化都应该以量表的方式进行展示。

| 项目活动思维图 | 项目问题收集图 | 活动资料调查图 | 活动操作记录图 | 活动成果展示图 | 项目活动主题墙 |

图 7 班级"五图一墙"

推进方法：在研究推进过程中，我们幼儿园同步采用"五图一墙"方式展示活动探究进程，通过儿童展演、作品展览展现儿童的成长和收获，通过小课题研究成果申奖展示教师活动组织能力和专题研究能力的提升，通过汇编优质案例集展示教师策略和收获的经验，通过班级、园级资源入库等方式"多渠道"、全方位呈现本阶段资源开发运用成果与成效。同时，课题组本着严谨、求实的宗旨，及时带领各班级运用回头看等方式，对活动的每一步进行分析评价，对经验、策略进行实践检验。本阶段展示记录清单如表 5 所示。

表 5 阶段性展示清单

展示时间	展示地点	展示主题	参展教师	参展幼儿
2021.11.22	户外操场	迷宫王国	张丹	小海星
2021.11.22	班级活动室	蘑菇包之家	张晨	乖乖虎
2021.11.23	班级活动室	跳跳糖	田雪丽	壮壮牛
2021.11.23	户外水世界游戏区	"鱼你相约"水世界	龙泳君	乐米奇
2021.11.24	户外操场	柚柚的生日派对	胡佳丽	跳跳龙
2021.11.24	音体室	光与影的秘密	李林矫	聪聪猴
2021.11.22	班级活动室	闪亮的幕帘	韩雷	小飞象
2021.11.22	班级活动室	柚子的新家	李选蓉	喜洋洋
2021.11.23	班级活动室	超市购物	李梓萱	维尼熊

续表

展示时间	展示地点	展示主题	参展教师	参展幼儿
2021.11.23	班级活动室	洞洞衣服	梁纬	皮卡丘
2021.11.24	阳光创意坊	装饰房子DIY	罗正册	泡泡鱼
2021.11.24	班级活动室	设计我喜欢的衣服	何春燕	叮当猫
2021.11.22	班级活动室	有趣的紫甘蓝	汪绪	乐乐鼠
2021.11.23	班级活动室	水果分类	陈兴玲	宝宝兔
2021.11.23	班级活动室	蔬菜排排队	周丽辉	精海豚
2021.11.24	班级活动室	会跳舞的跳跳糖	田雪丽	壮壮牛
2021.11.24	班级活动室	欢乐冒险岛	王志慧	凯蒂猫
2021.12.24	音体室	起于幼儿，缘于生活班级项目活动购物车	魏巍	维尼熊
2021.12.22	音体室	基于班级项目活动"五彩斑斓的舞台"资源开发的自我剖析	王献民	小飞象
2021.12.22	音体室	一场洞洞的探索之旅	李梦琳	皮卡丘
2021.12.23	音体室	遇见实"柚"	黄翠	喜羊羊
2021.12.23	音体室	泡泡鱼班项目活动纸盒房子	斯维佳	泡泡鱼
2021.12.24	音体室	多彩的服装	李小玲	叮当猫
2021.12.22	音体室	生活皆课程，有温度有热爱——"蒜"你漂亮案例分享	闫雪涛	米菲兔
2021.12.22	音体室	项目活动迷宫王国	朱慧	小孩向
2021.12.23	音体室	车轮滚滚案例分享	骆星丽	绿豆蛙
2021.12.23	音体室	神奇的桥——班级项目案例分享	刘海燕	跳跳龙
2021.12.24	音体室	"鱼你相约"水世界	谢小娟	乐米奇
2021.12.24	音体室	项目活动——光与影的秘密案例分享	李林矫	聪聪猴
2021.12.25	音体室	以项目活动"蘑菇"为例	陈娇娇	乖乖虎

续表

展示时间	展示地点	展示主题	参展教师	参展幼儿
2021.12.25	音体室	班级项目活动资源开发案例分享圆的秘密	彭麓月	凯蒂猫
2022.03.20	音体室	一些关于足球的小梦想	斯维佳	跑跑鱼
2022.03.20	音体室	寻"球"之旅,"球"乐无穷	闫雪涛	米菲兔
2022.03.20	音体室	我的情绪小怪兽	张 晨	乖乖虎
2022.03.20	音体室	胜水净化器	李梦琳	皮卡丘
2022.04.23	音体室	番茄大作战	汪绪	乐乐鼠
2022.04.23	音体室	泡泡大揭秘	田雪丽	壮壮牛
2022.04.23	音体室	"悦读"美好,乐在其中	谢小娟	乐米奇
2022.04.23	音体室	探索体育馆	刘海燕	跳跳龙
2022.05.19	音体室	"童筝"世界	骆星丽	绿豆蛙
2022.05.19	音体室	包装纸	王志慧	凯蒂猫
2022.05.19	音体室	小超市经营	韩雷	小飞象
2022.05.19	音体室	玩转足球	张坤	小海星
2022.06.20	音体室	会呼吸的口罩	鞠萍	精海豚

针对项目活动资源开发而展开的探索与研究,直指问题核心,转变了教师对项目活动资源开发利用的儿童观,扭转了以资源为中心、为开发而开发的现象,提高了教师对幼儿活动和材料关系的认识程度,促使教师对如何为幼儿提供适宜的材料和指导有了更多的研究和思考,教师管得多、指导过多的现象逐步向放手让幼儿去探索、和幼儿一起去探索转变,充分给予幼儿自我探索和发现、思考的机会,资源意识逐步提高。这样一来,教师不仅提高了资源意识,而且具备了一定的活动资源挖掘和利用能力,这种能力是在充分提高资源意识的基础上不断实践积累并不断完善的。拥有活动资源开发和利用的能力,教师将会在幼教工作中拥有更多的自信与动力。

三、项目活动资源开发教师教育策略

幼儿园项目活动是幼儿在教师的支持、帮助和引导下，围绕某一值得探究的与自己生活经验紧密联系的主题进行深入研究和深度学习、参与、体验、操作、探索的课程。在项目活动探究过程中，幼儿在新旧知识之间建立联系，并利用身边资源在解决问题的过程中获取经验、延伸经验。因此，在项目活动中，教师如何支持幼儿有效开发、利用资源对活动实施起着关键作用，教师只有采用适当、有效的策略开发资源才能支撑项目活动有效推进。通过实践研究，基于我园项目活动实施的四阶段，我们研究出了教师在项目活动中有效开发与运用资源的四种策略。

（一）教师观察记录法

意大利著名教育家蒙台梭利认为："为了建立一种自然而合理的教育机制，必须把人作为个体进行大量的、精确的、合理的观察，重点是观察一个人幼年时期的情况。"在日常教育教学活动中，教师要以一种开放的心态，充分了解儿童，解读儿童的行为，理解儿童的行为。观察记录可以保留和再现儿童行为活动的过程，透过记录，教师能够利用已有的成熟的经验，深入了解儿童的某一行为发生的过程，并且对儿童的行为进行解读和分析，正确做出教育决策。

幼儿园项目活动的探究主题是从幼儿感兴趣的问题生成的，因此教师只有对幼儿进行持续、深入的观察，才能了解幼儿的学习经验和学习兴趣，从而确定适合幼儿探究的项目活动主题。因此，使用观察记录法对教师发现幼儿探究兴趣、了解幼儿学习经验有着重要的作用。

教师应主动观察幼儿对某一事物感兴趣的语言表现、行为表现，通过分析幼儿对话交流内容、幼儿行为表现产生的原因，了解幼儿兴趣点并掌握幼儿对兴趣点知识经验的储备情况，以及该兴趣点幼儿的占比结构等。然后综合以上信息，判断该兴趣点是否有探究价值，确立有探究价值的项目活动对幼儿进行持续、深入探究有着至关重要的作用。

项目活动"情绪小怪兽"的主题就由教师对幼儿语言交流的观察而

来。教师通过一段时间的观察记录发现，孩子们在自主活动时，最爱谈论的是自己开心与不开心的事情，幼儿喜欢与伙伴分享自己的心情。教师通过观察发现，幼儿能够分清自己的情绪有开心、伤心、难过、生气、愤怒、委屈等，但是面对复杂的情绪不知道如何处理。此时，教师抓住孩子们对情绪的关注，从孩子们的已有经验和需求出发，展开了关于"情绪"的项目探索之旅，引导幼儿正确认识情绪，支持幼儿找寻缓解、释放情绪的方法，最终形成了情绪指南手册，为幼儿提供了缓解各种不良情绪的方法。

（二）思维导图法

思维导图法是一种以图形展示思维过程的表达方法，它将思维可视化，可以让项目活动开展过程脉络清晰，也可在探究过程中不断丰富幼儿的发散性思维。

在项目活动主题筛选与确定阶段，教师可根据第一阶段观察的幼儿感兴趣的主题，组织幼儿通过集体讨论、小组讨论或问卷调查的形式进行头脑风暴，将研究主题作为中心，用幼儿能直观理解的图夹文的形式进行。教师可通过思维导图记录幼儿对探索问题的罗列、探究内容的概念理解以及项目活动将要使用的资源，最后形成网络图。根据网络图厘清班级项目活动开展的思路，直观判断即将开展的项目活动主题是否具有深入探究价值，从而确定探究主题。

以项目活动"保护油菜籽行动"为例，该项目活动的思维导图以图画油菜籽为中心，搭配文字"保护油菜籽行动"，然后从中心点发散出幼儿希望探究的问题：油菜籽为什么受伤了？并围绕该中心话题罗列幼儿即将实践探究的保护油菜籽的几种方法。

（三）教师支持与引导法

《幼儿园教育指导纲要（试行）》指出，教师应成为幼儿学习活动的支持者、合作者、引导者。项目活动作为以儿童为探究主体的活动，儿童的知识经验、实践经验储备不足，时常导致项目活动难以开展，所以教师的有效支持与引导是推动项目活动深入、持续探究的关键。在项目活动探究中，教师可通过对话交流了解幼儿活动动向、想法以及需求，适时给予支持，通过梳理园内外各类资源给予幼儿材料支持。

1. 交流支持法

当幼儿在项目活动探究中出现探究兴趣减弱、探究进度缓慢、同伴合作困难、不敢大胆尝试等问题时，教师应主动介入，根据具体情况采用同伴式对话、引导式对话启发幼儿，推动活动继续开展。

同伴式对话，即教师以同伴的身份加入项目活动中，了解项目活动开展情况以及幼儿当前所遇困难，与幼儿进行平等对话，启发幼儿思维，帮助幼儿解决项目活动中的问题。如在项目活动"情绪小怪兽"中，幼儿的玩具被同伴弄破生气时，幼儿通常会以暴力还击的方式发泄情绪，此时，教师应以同伴的身份安慰幼儿，以同理心与幼儿对话，引导幼儿学会正确处理情绪，习得处理情绪的正确方式。

引导式对话，即当幼儿的探究停止不前、探究兴趣减弱时，教师以引导者身份参与活动，可通过主题询问、过程跟进、赞赏与质疑等方式，激发幼儿的探究欲望，启发幼儿寻找探究新方向。

如在项目活动"叶子礼品店"中，孩子们在布置货架的过程中，货架总是倒塌，且无法整齐摆放货品，在多次修复尝试后，孩子们任凭货架倒塌、货品乱放，逐渐失去了探究兴趣。此时，教师以引导者身份询问幼儿所遇问题，了解他们的想法，并对想法不足之处提出质疑，引导幼儿进一步思考。通过对话交流教师得知：孩子们认为货架上的叶子项链、手链总是打结是导致货架乱糟糟的主要原因，不断地整理是解决不了问题的。此时，教师引导幼儿回忆礼品店对这类商品的呈现方式是怎样的。通过引导，幼儿提出了制作旋转货架的想法，这一想法的萌芽使幼儿的探究兴趣得以持续，项目活动也突破了瓶颈，开展得有声有色。

2. 材料支持法

幼儿园开展项目活动的目标是鼓励幼儿以直接感知、亲身体验、实际操作习得知识、获得经验。项目活动资源的有效利用能够帮助幼儿在探究过程中不断与材料互动，促进项目活动持续有效深入地开展。在项目活动实际开展中，幼儿对项目活动资源的使用往往过多依赖教师对材料的投放，导致幼儿与材料互动不足，幼儿的探究能力不足。所以幼儿教师应适时、适宜地给予幼儿材料支持，提升幼儿探究能力、动手能力，培养幼儿主动思考、任务意识。

我园在项目活动实践过程中，要求教师与幼儿共同挖掘园内外一切资源，构建《项目活动资源手册》。我们将资源分为人力资源、物质资源、信息化资源，再以园内、园外为收集范围将三类资源进行整理。《项目活动资源手册》的构建能够帮助幼儿主动搜寻可利用资源，助力幼儿主动探索。

项目活动是一种不断变化的探究活动，实际探究中所需材料支持也是灵活变化的。首先，教师可设计适宜的问卷调查表，收集幼儿对于正在进行项目的经验、想法、创新设计等，根据活动走向进行材料投放，激发幼儿与材料互动，推进项目活动深入开展。其次，教师应结合正在进行的项目活动，合理利用班级区角、幼儿园户外环境，营造符合项目探究的空间环境，帮助幼儿获得最真实的体验感。如项目活动"我要上小学"开始前，教师使用问卷调查表，调查幼儿对小学已有知识经验的储备，帮助其拓展未知经验。在探究过程中，教师合理布局教室空间，优化区角中的材料，引导幼儿在区角开展"我要上小学"项目探究活动。

在信息技术迅猛发展的时代，将信息化教育资源与学前教育有机整合起来很有必要性。在项目活动中有效利用信息化资源，如鼓励幼儿通过网络查找资源，可丰富其知识经验、拓宽其视野，有效的视频、图片资源能够帮助幼儿直观有效地解决探究中发生的问题。如在项目活动"揭秘恐龙"中，幼儿通过网络视频资源更加直观地感受了恐龙灭绝的过程。

（四）幼儿园项目活动资源开发之课程故事记录法与档案袋评价法

《幼儿园教育指导纲要（试行）》明确指出，教育评价是幼儿园教育工作的重要组成部分，是了解教育的适宜性、有效性的重要方式。教育评价能够衡量每一个幼儿发展情况，是提高教育质量的必要手段。在项目活动中有效运用教育评价可以评估项目活动资源开发是否有利于促进幼儿发展。在项目评价与分析阶段，教师可采用课程故事记录法与幼儿成长档案记录法分析评价项目活动资源开发的有效性以及幼儿在项目活动过程中的发展变化。

1. 课程故事记录法

项目活动中的课程故事记录是在真实情景中完成的一种观察和记录，它能反映幼儿发展的持续性，展现幼儿学习的发展过程。它与《幼儿园教育指导纲要（试行）》《3－6岁儿童学习与发展指南》的精神相契合。课程故事记录法是一种评价儿童的方法，也是一种教育研究方法，它注重用叙事的方式进行形成性学习评价，能够帮助幼儿建构作为学习者的积极自我认知，认识到自己是"有能力、有自信的学习者和沟通者"。课程故事遵循"注意""识别""回应"的内在结构，以图文的方式记录、呈现幼儿在真实情景中的表现和持续性的学习与发展，教师分析、解读并记录幼儿成长的关键时刻，对幼儿的发展进行评价，并给予支持与引导，以提炼出更多支持幼儿开发项目活动的资源。

我们在实施"昆虫旅社"项目活动中，采用课程故事记录法来展现项目的实施过程、幼儿对资源的开发与运用、幼儿的学习与发展。当幼儿漫步于农场时，发现农场里有死去的飞蛾、蝉，于是提出了问题："为什么它们会死掉呢？"面对孩子们提出的问题，我请孩子们回家和爸爸妈妈一起查找关于昆虫生命的资料，从而使孩子们知道，有的昆虫的生命只有短暂的几个月，到冬季就会死去。而一些昆虫会躲在墙角、草丛或者树干里过冬，有的因无法抵御寒冷，也会死亡。于是孩子们萌发了为昆虫打造一个旅社的想法。那么打造一个"昆虫旅社"需要什么材料呢？教师通过引导孩子们自主整理材料清单、绘制设计图推进项目探究。就这样，孩子们带着任务，设计调查问卷，查找图片资料，设计昆虫房子，寻找保暖材料，完成了"昆虫旅社"项目活动，为昆虫打造了一个可以挡风避寒的"家"。通过课程故事的展现，我们可以看到项目活动的清晰脉络、幼儿在探究过程中对资源的利用、教师在此过程中的支持引导策略以及幼儿在活动中的成长与发展。

2. 项目活动成长档案评价法

幼儿档案袋评价是幼儿园教育评价的重要途径和方式。幼儿档案袋评价通过有计划有目标收集幼儿各类资料，为幼儿的成长和发展提供有力的证据。幼儿档案袋评价能够帮助幼儿更好地认知自我的发展状态，使家长更加直观立体地感知幼儿的成长过程。同时，幼儿档案袋也是教师反思自身教学、调整教学计划的资料来源，对教师的专业成长和幼儿园课程建设有着重要意义。

项目活动成长档案评价法借鉴幼儿档案袋评价法，主要记录幼儿在探究项目活动中的成长历程，可以为评价幼儿发展提供信息和依据。其一，在项目活动中教师记录活动探究过程，利用观察记录、表征记录等，客观分析评价幼儿行为、作品，可增进对幼儿的了解，准确把握其发展水平、需要、兴趣等。教师通过观察幼儿开展项目活动进程的方式收集资料，资料主要包括照片、录音、视频、活动记录、调查表、任务清单、设计图、幼儿作品、家长参与提供的作品等。其二，幼儿项目活动成长档案袋可以对幼儿质疑能力、专注力、合作能力、探究能力、表征能力的发展进行客观评价，帮助教师准确评价幼儿发展水平，了解幼儿"最近发展区"。其三，幼儿项目活动成长档案袋可以作为评价项目课程科学性的依据，帮助教师审视项目活动是否适应幼儿发展水平及兴趣，能否促进幼儿进一步发展。

项目活动成长档案袋评价法是依据项目活动开展的四个阶段实施的。教师收集各阶段幼儿项目探究活动痕迹，分别是项目活动主题筛选阶段的幼儿问卷调查表；项目活动主题确定阶段的幼儿头脑风暴思维网络图；项目活动探究阶段的幼儿任务清单、调查问卷、设计图纸；项目活动结束阶段的幼儿成果作品。教师通过收集幼儿在探究项目活动中的各类表征资料，再依据《3—6岁儿童学习与发展指南》中各年龄段幼儿的发展水平目标，分析评价幼儿在开展项目活动后的发展变化，重点对幼儿的质疑能力、专注力、合作能力、探究能力、表征能力进行科学评价，有助于促进幼儿更好地成长。

四、项目活动资源开发幼儿操作路径

在项目活动开展的具体实践中，幼儿扮演着重要的角色，他们既是项目的发起者，更是项目的具体执行者。基于此特点，我们以幼儿园项目活动开展的分类资源手册、幼儿园项目活动资源开发的"4+4"途径以及支持幼儿园项目活动开展的资源开发评价工具来开展了促进幼儿自主发展的探究。

1. 分类构建，研究形成支持幼儿园项目活动开展的分类资源手册通过对幼儿园项目活动的整理分类，依据幼儿三个年龄段项目活动发展目标，我们形成了支持幼儿园项目活动开展的分类资源手册。我们具体做了以下工作。

一是厘清幼儿园项目活动的类型，使项目活动资源手册系统化。幼儿园课题组对前期汇集的大量班级项目活动资源进行了梳理，发现多数项目活动主题均根据班级幼儿的年龄特点及兴趣爱好而生成，多与探索自我、自然以及周围事物有关（见表6）。其中，与探究自我相关的项目，包括关注自身的情绪和身体等；探究动植物等与自然相关的项目，则包括树叶、水、农作物等；对周围感兴趣事物的探究项目包括绿道、足球、奖杯等。我们共汇总项目样本55份（见表6），各项目占比如图9所示。

表6　幼儿园项目统计汇总

对自我的探究主题	对自然的探究主题	对人与周围事物的探究主题
情绪小怪兽	水变干净了	班级绿道
我从哪里来	番茄大作战	探秘纸王国
我的便便	春日花花会	我的图书之旅
能干的小手	Q农场变身记	多多岛——托马斯
我上小学啦	保护油菜籽	小小足球队
	萌宠大作战	泡泡大探秘
	大蒜	班级阅读角
	乌龟奇多多小镇	地铁
	探秘棉花	有趣的洞洞
	大树，你好	五彩杯垫
	小鸟的家	科技节奖杯
	秘密花园	百变机器人
	奇石妙想	美丽的风筝
	好吃的叶子	游戏地图
	叶子礼品店	趣味钓鱼
	恐龙乐园	好玩的魔方
	我和水果去旅行	神奇的桥
	小飞象花园	购物车
	土豆的秘密	我的家乡

续表

对自我的探究主题	对自然的探究主题	对人与周围事物的探究主题
	蘑菇房子	圆的秘密
	"蒜"你漂亮	甜蜜糖果屋
	与"泥"相遇	探秘体育馆
		五彩斑斓的舞台
		迷宫王国
		车轮探究我做主
		光与影的秘密
		会呼吸的口罩
		风铃叮叮当

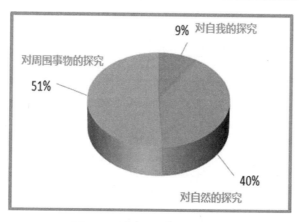

图 9　三类别项目活动占比

　　基于此，我们将幼儿园项目活动按"对自我的探究""对自然的探究""对周围事物的探究"进行了分类，并与第一阶段研制形成的《支持幼儿园项目活动开展的资源手册》进行分类整合，更加明晰了不同类型项目活动下更具有指向性的资源线索，为教师快速发现、拓展、创生具有针对性的班级项目活动资源提供了坚实的基础。

　　二是研制分类项目活动下幼儿各年龄段发展目标，使项目活动资源手册科学化。我们依据《3—6岁儿童学习与发展指南》，从幼儿园项目活动的特点出发，依据幼儿的年龄特点研制了三种类型项目活动实施下的大、中、小各年龄段的分目标（见表7）。这些目标更具针对性与实用性，我们研制的项目活动资源手册也更加科学、系统，对指导一线教师有效使用资源开展项目活动更具指导意义。

表 7 "对自我探究"类型项目活动幼儿发展目标

项目类型	项目活动总目标	年龄段	项目活动分目标
对自我探究	1. 对自我探究活动感兴趣，有探究的主动性。 2. 能发现关于自我的问题，对活动产生好奇心，萌发探究自我的欲望。 3. 在自我探究项目活动中，乐意与他人合作交往，喜欢探究与分享。 4. 能够在已有经验的基础上，通过观察、比较、实际操作等多种方法进行活动探究，努力寻找问题的答案。 5. 能够采用不同的方式记录自己的探究发现。 6. 能够通过活动探究，增强对自我的认知。	小班	1. 对自我感到好奇，初步认识身体主要部分的外部特征，了解其作用与功能。
			2. 懂得爱惜身体，知道保护自己的不同方法。
			3. 认识自己与他人的不同，学会尊重他人与友好交往。
			4. 可以通过一些简单的方式，如儿歌、语言、动作、符号等对自身的发现进行记录。
			5. 对艺术表达方式感兴趣，愿意用自己的方式表达自己。
			6. 能在成人的帮助下建立经验，初步采用一些简单的方法和途径解决自我探究活动中遇到的问题。
		中班	1. 对自我探究的问题产生兴趣，大胆猜测问题答案，并能在一定时间内保持持续探究的能力。
			2. 能在成人的帮助下或与同伴合作围绕问题展开探究，能通过探究验证自己的想法。
			3. 能在活动中与他人尝试合作交往，针对自己的身体或者心理进行探讨与分享，有一定的自信心。
			4. 在自我探究活动中，能够用较清楚的语言讲述、表达自己的观点和想法。
			5. 能运用多种感官或动作去探索与自我相关的问题，并用简单的符号、图像进行记录。
			6. 能使用观察、分析、收集、调查等策略，尝试解决自我探究活动中遇到的问题。
			7. 能运用对比、记录的方式发现自己的成长变化，表达自己的心理感受。

续表

		大班	1. 对自我探究活动感兴趣，能对自己感兴趣的事物提出问题并主动寻找答案。
			2. 在自我探究活动中有进行提问、追问、保持持续探究的能力，并敢于尝试有一定难度的活动和任务。
			3. 善于发现问题，并能通过探究采用一定的方法验证自己的猜测。
			4. 乐意与同伴合作探究，能采用小组合作的形式进行探究活动，与同伴积极互动，并能在同伴面前大胆讲述自己的认知与感受。
			5. 在自我探究活动中，能使用观察、比较、分析等策略，主动解决活动中遇到的问题。
			6. 能采用音乐、绘画、情景表演、戏剧、数字、图画、文字、图表等多种表达形式记录自己的探究发现。

表8 "对自然探究"类型项目活动幼儿发展目标

项目类型	项目活动总目标	年龄段	项目活动分目标
对自然探究	1. 喜欢接触大自然，能发现大自然中有趣的事物，有探究的主动性。 2. 喜欢观察，能对大自然中的事物进行比较、分析，能发现事物的特征。 3. 能通过探究产生问题，并能围绕问	小班	1. 喜欢接触大自然，对周围很多事物与现象感兴趣。
			2. 能通过仔细观察，发现感兴趣的事物的明显特征。
			3. 能用多种感官或动作去探索物体，关注动作所产生的结果。
			4. 能认识大自然中常见的事物与现象，感知其与自己生活的关系。
			5. 能用简单的符号、语言或动作对自己的发现进行记录。
		中班	1. 喜欢接触大自然，积极动手动脑探索，能感知大自然中各种事物与自己生活的联系。
			2. 能对大自然中的事物或现象进行观察比较，通过项目探究发现其相同与不同。

续表

题展开进一步的探究，积极寻找问题的答案。 4. 能通过调查、探究感知大自然与自己生活的密切关系，有实事求是的科学态度。 5. 能以多种方式进行计划与记录，愿意与他人交流分享。	中班	3. 能围绕大自然中自己感兴趣的事物提出问题，并大胆猜测答案。	
		4. 能在成人的帮助下或与同伴合作围绕问题展开探究，能通过探究验证自己的想法。	
		5. 能通过简单的调查研究收集信息。	
		6. 能用图画、符号或其他表现形式对自己的观察进行记录。	
	大班	1. 喜欢接触大自然，能对自己感兴趣的事物提出问题并主动动手动脑寻找答案。	
		2. 能对大自然中的事物进行观察、比较与分析，能发现并描述不同种类物体的特征或事物前后的变化。	
		3. 能通过探究产生问题，并用一定的方法验证自己的猜测。	
		4. 能在探究中与他人合作、交流，能围绕事实展开讨论，能坚持实事求是的科学态度。	
		5. 能在成人的帮助下制订简单的调查计划并执行，有一定的任务意识。	
		6. 能感知人类生活与大自然的密切联系，有保护环境的意识。	

表9 "对人与周围事物探究"类型项目活动幼儿发展目标

幼儿园项目活动幼儿发展目标			
项目类型	项目活动总目标	年龄段	项目活动分目标
对人与周围事物探究	1. 能积极主动地参与项目活动。 2. 在项目活动中，乐意与人交往，相互学习，合作与分享。	小班	1. 愿意表达自己的需要和想法，必要时能配以手势和动作。
			2. 喜欢承担些一小任务。
			3. 想加入同伴的游戏，能友好的地提出请求。
			4 喜欢接触大自然，对周围的事物和现象感兴趣。

续表

3. 在项目活动中能够运用各种感官，动手动脑，探究问题。 4. 能用适当的方式表达交流探索的过程和结果。 5. 在活动中对周围事物、现象感兴趣，有好奇心和求知欲。 6. 能够清楚大胆地说出自己的想法。	小班	5. 能够在探究活动中提出各种问题，并简单表达自己的想法。	
		6. 能运用多感官或动作去探索身边的事物。	
	中班	1. 愿意与他人交往，喜欢谈论生活中感兴趣的话题。	
		2. 能够用图画和符号表达自己的想法和在生活中遇到的问题。	
		3. 在项目探究过程中敢于尝试有一定难度的活动和任务，主动与同伴分工协助。	
		4. 能动手动脑探索物体和材料，并进行思考和记录。	
		5. 能根据观察提出问题，并大胆猜测答案。	
		6. 能通过简单的调查收集信息，并用图画或其他符号进行记录。	
	大班	1. 对项目探究活动感兴趣，能对自己感兴趣的事物提出问题并主动寻找答案。	
		2. 能探索和发现周围事物的现象和规律，并尝试创造性地表达和表征。	
		3. 喜欢对周围感兴趣的事物刨根问底。	
		4. 在对人与周围事物的探究活动中，能主动与他人合作交流。	
		5. 能用一定的办法验证自己的猜测，制订简单调查计划并实施。	
		6. 在探究过程中与别人看法不同时，敢于坚持自己的意见并说出理由。	

2. "4＋4"纵深推进，研究形成支持幼儿园项目活动资源开发的有效途径

（1）采用教师资源开发"四策略"，支持幼儿园项目活动资源开发有效推进

我们通过前期班级项目活动实施过程性研究归纳出四个重要步骤（见图10），并在这四个步骤的实施过程中，有效开发与运用了观察表记录法、思维导图法、交流支持法和材料支持法、课程故事记录法和幼儿成长档案评价法四

个策略。

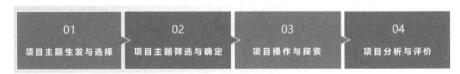

01	02	03	04
项目主题生发与选择	项目主题筛选与确定	项目操作与探索	项目分析与评价

图 10　项目活动实施四步骤

策略一：观察表记录法

在项目主题生发与选择阶段，教师应运用观察表记录法观察记录幼儿对自身、自然事物或是周边事物的兴趣点。通过观察，教师可以了解幼儿对兴趣点知识经验的储备，并分析该兴趣点生成项目主题的价值。如在项目活动"情绪小怪兽"中，教师利用观察记录表发现了孩子们对叶子产生兴趣并生成项目活动的过程。教师观察表见表 10。

表 10　项目生发与选择阶段教师观察记录表

乖乖虎班项目活动"情绪小怪兽"观察记录表 （项目主题生发与选择阶段——观察幼儿兴趣点）				
观察时间	观察地点	观察对象	观察形式	记录人
2022.9.23	活动室	班级部分幼儿	□个体、☑小组、□集体	陈娇娇
幼儿行为观察	中班新学期孩子们每天都期待着放学前在记录本上写下绘画日记，记录他们在这一天中发生的事情。孩子们的绘画日记上有开心的笑脸娃娃、生气的瘪嘴娃娃、伤心的流泪娃娃。孩子们画完后还会与同伴分享自己的图画内容，孩子们的聊天非常投入。 苗苗说：今天早上是奶奶送我的，我有点不高兴，要是明天妈妈还不送我，我会哭的。 俊熙说：妈妈昨天晚上给我买了一大盒巧克力，我好开心啊！ 甜甜说：我一点也不开心，晨晨把我搭建的公园给踢翻了，我不跟他玩了。 小敏说：琪琪不和我做朋友了，她今天带的绘本都不愿意和我分享。 佳佳说：明天我不想穿裤子，我明天要穿裙子，我天天都要穿裙子！ ………………			
幼儿行为解读	通过翻看孩子们的绘画日记和聆听孩子们的聊天，我发现他们开始关注自己的情绪，喜欢分享自己的心情了。从孩子们的表达中可以看出，孩子们能够表达清楚自己的情绪，但是还不知道如何处理情绪问题。			

续表

教师分析与总结	情绪存在于每时每刻，孩子们对于情绪了解多少呢？我应当抓住孩子们对情绪的兴趣点，帮助孩子们正确认识情绪。《3—6岁儿童学习与发展指南》（以下简称《指南》）认为，5岁多的幼儿应该知道引起自己某种情绪的原因，并努力缓解，学会正确表达情绪的方式，转换情绪，因此，以探究情绪为项目主题的活动是非常有价值的。我们决定以此为契机，从孩子们的已有经验和需求出发，展开了关于情绪的项目探索之旅，希望引导孩子们正确认识情绪，支持孩子们找寻缓解、释放情绪的方法。

策略二：思维导图法

在项目主题筛选与确定阶段，可采用思维导图法将幼儿感兴趣的问题通过集体或小组头脑风暴进行呈现，通过思维导图记录项目主题发散点、项目活动将要使用的资源。笔者认为，使用思维导图一是能够厘清班级项目活动开展的思路，二是能够直观判断即将开展的项目活动主题是否具有深入探究价值。图11为项目活动主题篇筛选与确定阶段思维导图。

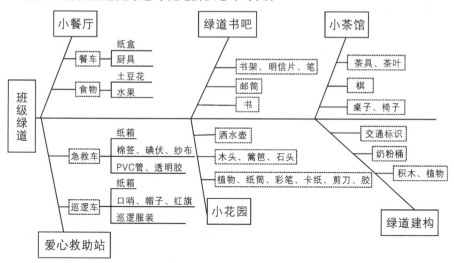

图11 项目活动主题筛选与确定阶段思维导图

策略三：交流支持法与材料支持法

• 交流支持法

在项目活动操作与探索阶段，教师可采用交流支持法，引导幼儿持续有效地深入探究。一是可采用同伴式对话。在项目活动探究的过程中，当幼儿的探究局限于某一个方面时，教师可以同伴身份与幼儿进行平等对话，拓展幼儿思维；二是采用引导式对话。当幼儿的探究停止不前时，教师可以引导者身份参与活动，进行主题询问、过程跟进、赞赏与质疑，启发儿寻找探究新方向。

如在项目活动"情绪小怪兽"中，当幼儿与同伴产生矛盾，产生不愉快情绪时，教师以同伴身份加入幼儿的活动，交流自己处理这类情绪的方法，能更加有效地引导幼儿正确解决情绪问题，详见表11。

表11　项目活动师幼活动交流记录表

温江区实验幼儿园乖乖虎班项目活动师幼交流记录表			
交流时间	交流地点	交流对象	交流方式
2022.9.23	班级教室	苗苗	□同伴式交流
交流图片	交流对话内容		
	教师：苗苗，今天上学怎么看上去有点不开心呢？ 苗苗：今天早上是奶奶送我的，我不高兴，我要妈妈送，要是明天妈妈还不送我，我就会哭的。 教师：妈妈这几天是不是有事送不了你啊？ 幼儿：我这几天都没有看到妈妈，不知道她在忙什么。我早上出门的时候妈妈已经上班走了，晚上回家了妈妈还没有回来。妈妈好几天没有陪我了，我不开心。 教师：看到你不开心我也有点不开心，我最近也很忙，都好几天没有送过我的孩子上学了。 苗苗：那你不忙的时候去送一下他吧，他一定会开心得跳起来的。		
教师分析与反思	从苗苗的表达中可以发现，她能够表述清楚自己的情绪，但是还不知道如何处理情绪问题。这就需要教师抓住孩子们对情绪的经验认知，帮助孩子们正确转换情绪。《指南》指出，5岁多的幼儿应该知道引起自己某种情绪的原因，并努力缓解，学会正确表达情绪的方式，转换情绪。因此，以探究情绪为项目主题的活动是非常有价值的。我们决定以此为契机，从孩子们的已有经验和需求出发，展开关于情绪的项目探索之旅，引导孩子们正确认识情绪，支持孩子们找寻缓解、释放情绪的方法。		

• 材料支持法

材料支持法即在项目活动操作与探索过程中，根据班级项目活动开展需求，发放调查表，挖掘周边可利用的一切资源给予幼儿探究材料支撑，以支持幼儿项目活动探究有效推进。一是设计问卷调查表，通过问卷调查表，收集幼儿正在进行项目的已有经验、想法、创新设计等；二是挖掘各类材料，如班级区角、幼儿园区域中可支持幼儿项目探究的空间、物质材料支撑。三是利用多媒体网络资源、书籍资料支持，帮助幼儿直观有效地解决探究中的问题。

如我们在项目活动"我要上小学"中使用问卷调查表（见表12），调查幼儿对小学已有的知识经验储备，帮助其拓宽未知领域。我们合理布局教室空间，在区角提供材料，引导幼儿在区角中开展了"我要上小学"探究项目活动。如表12所示。

表12　项目活动操作与探索阶调查表

"我要上小学"项目活动调查记录表		
小朋友和爸爸妈妈一起调查小学是什么样子的？		
调查区域	调查方式	记录人
参观调查区域图片（照片或幼儿绘画）	该区域有哪些设施设备、材料等	我们需要收集的材料
想得到哪些帮助？		

策略四：课程故事记录法与幼儿成长档案评价法

在项目评价与分析阶段，教师可采用课程故事记录法与幼儿成长档案记录法分析评价项目活动资源开发的有效性以及幼儿在项目活动过程中的发展变化。

• 课程故事记录法

课程故事记录法是教师在真实的情景中完成对项目活动的观察和记录，反映幼儿发展的持续性以及交流幼儿学习的发展与过程的方法。通过项目活动课程故事，一是可以提炼出教师支持项目活动开展的资源开发策略；二是可以总结幼儿在项目活动探究过程中的资源开发途径；三是可以展现幼儿在项目探究过程中的学习与发展状况。

• 幼儿成长档案评价法

采用幼儿成长档案评价法时，教师可利用观察记录、表征记录等，记录幼儿项目活动探究过程，客观分析评价幼儿行为、作品，增进对幼儿的了解，准确把握其发展水平、需要、兴趣等。如在项目活动"足球队诞生记"中，教师可设计"幼儿项目活动探究过程记录表"，收集幼儿球服设计图、队徽设计图、球服与队徽制作过程图片、队服时装展示等，通过图片呈现活动关键片段，展现幼儿在此过程中的发展与成长。

表 13　幼儿项目活动探究过程记录表

温江区实验幼儿园乖乖虎班幼儿项目活动探究过程记录及反思			
	活动图片	教师评价分析儿童的发展	活动图片	教师评价分析儿童的发展
项目活动探究前的精彩瞬间		组织幼儿阅读立体绘本《我的情绪小怪兽》，绘本中立体的造型、鲜明的色彩、情绪分明的小怪兽霎时吸引了孩子们的目光。绘本抓住了孩子们的认知特点，将抽象、无形的情绪化身为一只只"小怪兽"。不同情绪的小怪兽则成了孩子们探索自己内心的伙伴，带领孩子们发现自己的不同情绪。孩子们在阅读中了解了情绪的基本分类——喜、怒、哀、惧。		孩子们越来越注意体会内心的感受、察觉自己的情绪了。当孩子们愿意通过语言表达情绪，并能用恰当的词语描绘、形容自己的感受时，就迈出了控制和调节情绪的第一步。孩子们的分享也给老师提供了一次了解孩子内心的机会。适当的活动形式，辅助性、针对性资源的有效运用，都推动了项目活动的持续开展。

	活动图片	教师评价分析 儿童的发展	活动图片	教师评价分析 儿童的发展
项目活动探究中的精彩瞬间		孩子们对自己情绪的记录，采用的是一种较为形象生动的方式。通过问题讨论和亲子大调查，孩子们对自己和他人的情绪进行了捕捉和表征，看见了自己和他人的内心世界；增加了学习说话的机会。这一活动给予孩子们足够的空间谈论他们感兴趣的话题，表达自己的想法，也帮助家长了解了孩子对于事物的认知与看法，提醒着他们更加关注孩子的内心。		每个孩子的情绪体验都是不同的，这些图片姿态动作、符号表征等呈现出了孩子们的内在感受。他们在表达与分享中与同伴进行着思维的碰撞和经验的累积。思维能力的发展促使他们的口语表达能力得到了提升，在用图画、符号表征想法和经验的过程中，他们也为自己进行前书写奠定了基础。
	活动图片	教师评价分析 儿童的发展	活动图片	教师评价分析 儿童的发展
项目活动结束阶段		孩子们带着问题，在好奇心和兴趣的驱动下，思考并解决着一个又一个问题，找到了情绪产生及发生转变的原因，并且愿意用积极主动的态度去面对消极、负面的情绪，为自己和他人的情绪找到了排解的出口。孩子们运用绘制的方式共同创造了这本"情绪小妙招"小册子，		通过游戏的方式，孩子们创造性地进行表达，使抽象的问题在真实情境中具象化解决。游戏的设计、方式、规则等都由孩子们共同完成。情绪屋的建造也是孩子们提出来的想法，他们需要这样一个秘密小屋。活动的层次性和构建性也在

	这是幼儿工作成果的体现。在此过程中，幼儿的设计、动手能力得到了很好的锻炼。		孩子们的探究中得以体现，孩子们的经验通过多层次的表征方式得以呈现，探究进程也得以完整展现。

（2）幼儿资源运用"四路径"，助力幼儿园项目活动资源开发有效实施

依据教师资源开发"四策略"，我们在项目活动实施过程中以幼儿自我驱动为主运用"四路径"，逐步引导幼儿完成了项目活动下对资源的有效探索。

路径一：在主题生发与选择阶段，幼儿运用问卷调查单对他们在活动初期关心的、感兴趣的、未知的问题与事物进行收集与调查。

路径二：在主题筛选与确定阶段，幼儿运用猜想记录单对他们感兴趣的资源进行大胆猜想记录，并运用筛查统计表对项目主题的确定进行筛选统计，最终确定项目主题。

路径三：在操作与探索阶段，幼儿初步运用操作记录单对项目活动中需要运用的资源进行收集与记录，并尝试解决问题。

路径四：在活动分析与评价阶段，幼儿运用成果展示方式，包括绘画、手工、建构等作品展示形式，以及戏剧表演、游戏活动、视频音频等多种资源形式展示成果性资源。

下面以泡泡鱼班"足球队诞生记"项目为例进行说明。作为园所足球特色班，泡泡班的孩子们对足球表现出浓厚的兴趣。班级老师及时捕捉孩子们的兴趣点，并以问题为驱动，采用多种资源策略支持幼儿自主探究，推动其逐步解决问题。

首先，在项目主题生发与选择阶段，孩子们对足球的问题和兴趣点主要集中在足球队上，于是老师提供了一份"调查清单"，鼓励孩子们回家进行与足球队相关的调查，孩子们带着任务开始了足球队各种信息的收集，详见图12。

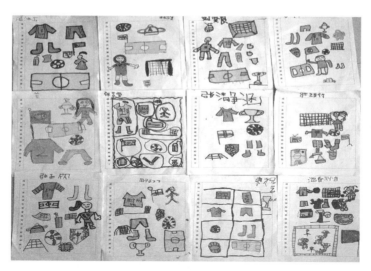

图 12　班级幼儿关于"足球队"的调查清单

在项目主题筛选与确定阶段，针对幼儿返回的"调查清单"，通过师幼谈话及兴趣点投票活动的方式，孩子们一致决定组建一支班级足球队。老师及时引导，鼓励幼儿大胆猜想表达，如：成立足球队需要哪些准备？于是孩子们提出了需要队服、队徽、队名等想法，并再次开启了围绕足球队队徽、队服、队名等的信息收集，详见图 13、图 14。

图 13　班级幼儿关于"队徽、队服"的调查清单

图 14　班级幼儿关于"队徽、队服"的调查清单

在项目操作与探索阶段，孩子们正式开启了成立足球队的筹备工作，大家利用设计单大胆设计自己喜欢的队名、队服和队徽（见图 15），并且利用教师提供的"队服制作材料清单"（见图 16），完成了自己衣服色调、元素及图案的设计，并按照清单进行了队服的制作（见图 17）。

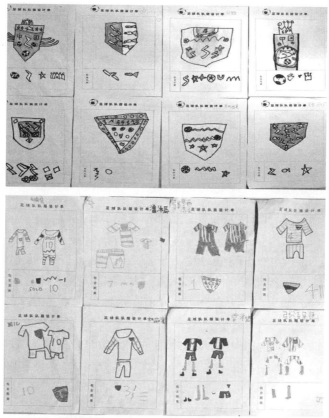

图 15　班级幼儿分别设计的"队名、队徽、队服"

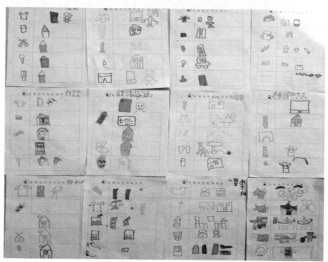

图 16　班级幼儿绘制的"队服制作材料清单"

图 17　幼儿自制队服

在项目活动分析与评价阶段，泡泡鱼班的孩子们穿上自己设计制作的队服，在幼儿园进行了模特展示，并穿上队服举行了一场真正的足球比赛，详见图 18。

图 18　幼儿进行了队服展示与足球小组赛

五、项目活动资源开发评价与分析

幼儿园项目活动资源的开发具有推动项目活动开展、持续探究的意义，此外，对项目活动资源的开发研究具有对幼儿能力发展、教师专业技能发展以及园所品质发展的价值意义。我们幼儿园以项目活动中重要的人力资源——教师、幼儿为主线，紧紧围绕项目活动资源开发中的教师支持策略、幼儿探究路径开展研究和评价，持续关注班级项目环境创设、项目课程（资源）故事、儿童成长档案、幼儿发展评价，对幼儿园项目活动资源开发成效的评价工具进行研制，形成了一套专门针对幼儿园项目活动资源开发成效的评价工具，评价对象主要为班级、园内的项目活动环境、教师项目活动资源开发情况、幼儿探究成长发展等，以期建立起科学、系统的评价指标和标准。

一是以课程资源故事评价为抓手，评价幼儿探究深度。老师们在课题组带领下，研制出《班级项目活动课程故事评价表》（见表 14）。该表立足教师在项目活动中的指导策略研究，通过教师在项目活动中的参与、支持、观察记录和行为分析，对幼儿不断调整、持续推进资源使用时收集的照片、视频和文字等文档资料进行分析，并通过对项目活动目标完成度、项目故事展示、教师项目资源开发策略、幼儿资源运用策略等指标的评价，检验班级项目活动实施及项目资源的开发成效。课程资源故事评价能充分展现项目活动中幼儿对资源探究兴趣的维系程度、课程目标和儿童发展目标实现程度的分析与对比情况。

表 14 班级项目活动课程故事评价表

项目	评价要点	分值	教师得分		
			高	中	低
项目活动目标（20分）	符合幼儿的年龄特点与发展水平，具体、明确，切实可行。	10			
	重视情感、态度、能力的培养，体现教育的整体性。	10			
项目活动课程故事（30分）	项目活动开展的价值与目标表述清晰准确，教学内容适中，有利于目标的落实。	5			
	课程故事体现项目活动重难点的突破，有效激发儿童探究兴趣，切实提高儿童学习能力。	5			
	课程故事阐述体现儿童主体，就如何突破重难点、如何体现五育融合、如何动态调控教学过程、如何合理进行时间分配、如何判断教学目标是否达成等的阐述思路清晰。	20			
资源开发中教师策略（20分）	教师能就项目活动的开展进行相关资源的开发，有策略。	8			
	该策略的能有效促进活动中重难点目标的达成，具有教育性和科学性。	8			
	该策略具有推广性。	4			
资源开发中儿童策略（20分）	幼儿能有效使用资源进行探究活动，教师在活动中进行相关证据收集，并提炼策略。	8			
	幼儿与资源能高效互动，资源能促进幼儿能力的发展。	8			
	该策略具有推广性。	4			

续表

反思 评价 （10分）	针对目标达成度，从教学设计、教学过程诸要素和环节对教学成效的得失原因分析准确、客观合理。	4		
	对活动中儿童的发展评价有理有据、客观合理。	6		
总　分				

二是研制《开发利用幼儿园项目活动资源促进幼儿发展评价指标》，评价幼儿发展成效。我们依据《3—6岁儿童学习与发展指南》精神及项目活动重点关注和培养幼儿发展的五大能力点，即专注能力、质疑能力、探究能力、合作能力、表征能力，通过对幼儿主要表现的解读，具体评价项目活动资源能否有效促进幼儿的发展（见表15）。通过项目活动的四个不同阶段，即主题生发与选择阶段、主题筛选与确定阶段、项目活动操作与探索阶段、项目评价与分析阶段，对幼儿活动进行观察记录与评价分析，较为系统地进行科学量化及判断评价。

三是研制评价工具，多维度开展评价。基于上述评价指标的研制，在评价过程中，我们加强了对评价工具的研发，注重教师与幼儿、过程与结果相结合，多维度、多形式、多主体开展评价，这种多维评价方式的建立，一方面能初步评判项目活动资源开发成效；另一方面，能为教师在项目资源开发过程中厘清思路、明确方向，为儿童的全面发展提供科学的价值指南。我们持续以《幼儿园开发利用项目活动资源促进幼儿发展评价表》（见表15）、《幼儿园教学及资源开发评价表》（见表16）、《项目活动课程故事记录表》（见表17）为评价工具，结合月评与期评、自评与他评相结合的方式，对应相应的评价指标实施多维度评价。评价工具直指"项目分类资源手册""教师教育四种策略""幼儿探究发展四路径"的完善、优化，各类评价工具的研制，有效判断分析了幼儿园项目活动资源开发成效，形成了有效的教师支持策略和幼儿探究路径，引导研究成果质量朝更优方向提升。

表15 幼儿园开发利用项目活动资源促进幼儿发展评价表

温江区实验幼儿园开发利用项目活动资源促进幼儿发展评价表（大班段）					
班级：			测评教师：		
能力指标	一级指标	主要表现	幼儿姓名：		
			未达到（0颗星）	基本达到（2颗星）	优秀（3颗星）
合作能力	1. 有协商的意愿，会协商	a. 在别人的要求下愿意分工协商			
		b. 在别人的要求下能与人简单的配合			
	2. 有分工的意识，愿意分工	a. 能主动发起分工配合的要求或者指令			
		b. 能根据情景与问题解决的需求灵活分工合作			
	3. 愿意与他人进行配合	a. 能根据情景与问题解决的需求灵活分工合作			
		b. 有分工合作的经验，会担当分工的角色与工作			
探究能力	1. 对周围的事物或现象有探究的意愿	能注意到周围事物与想象，有探究的欲望			
	2. 能观察自己感兴趣的事物	能进行简单的观察或者探究，并有所发现			
	3. 能对自己感兴趣的东西进行简单的操作	观察细致，能注意到相关信息，积极动手操作研究			
质疑能力	1. 有质疑的意识	能根据探索观察分析的结果，尝试有依据的提问			
	2. 能在别人的提醒下尝试重新思考	能对产生的结果大胆提出问题，敢于表达不同的观点			
		能通过探索预测质疑问题的答案			

续表

表征能力	1. 具有初步的表征意识	能尝试用图画、数字或其他自己喜欢的方式进行记录与表达				
	2. 在成人的帮助下能够用自己喜欢的方式进行简单的表征	能实际动手操作,通过多层次的材料独立或者在成人指导下完成自己的作品				
专注能力	1. 能够较为专注地参与一项活动	能不受周围的干扰和影响,持续性的参与活动				
	2. 有一定的坚持性	活动时间能持续 10—15 分钟				
	3. 有克服困难的意愿	能够有计划、有步骤地持续性研究观察				

表 16　幼儿园项目教学及资源开发评价表

项目	评价要点	分值	教师得分					
			1分	2分	3分	4分	5分	6分
教学目标(8分)	符合幼儿的年龄特点与发展水平,具体、明确,切实可行	2						
	重视情感、态度、能力的培养,体现教育的整体性(围绕上述三维度,每条目标准确得2分)	6						
教学内容(12分)	活动来源于班级项目的生成,且教学内容为班级项目活动的有效开展提供必要支持(现场提供"详细"活动教案,未能提供此项0分,原创详细教案6分,借鉴详细教案4分,无修改详案2分,简案1分)	6						
	教学内容贴近幼儿现实生活,符合班级幼儿现有水平,有一定的挑战性,并能引发幼儿有效学习	3						

	活动内容与知识概念科学、准确（活动中若出现常识性错误，违背生活或科学原理，此项计 0 分）	1						
	教学内容适中，有利于目标的落实（大班 25 分钟，中班 20 分钟、小班 15 分钟。不得低于上述时间，且不能超过 5 分钟，超时 5 分钟以上扣 1—2 分）	2						
教学过程（40 分）	教学组织有序，环节层次清晰，重点突出，时间安排合理 [整节活动包括：活动引入、活动过程（有重难点）、活动评价及延伸；其中活动引入 2 分；活动过程 6 分，且重点、难点各占 3 分；活动评价及延伸 2 分，教师、幼儿各占 1 分]	10						
	教学组织游戏化，教学方法具有直观性、趣味性，问题的提出具有启发性，有利于引发幼儿进一步学习与思考（游戏化教学占 6 分，分值为三个等次 6/4/2；教师提问占 4 分，教师无效提问多则应适度扣分）	10						
	尊重幼儿主体地位，引导幼儿主动、积极、创造性地学习，体现积极有效的师幼互动（依据教师尊重幼儿主体地位的具体表现，分值分别为 8/6/4/2）	8						
	灵活运用集体、小组、个别等组织形式，增加幼儿互相学习互相交流才的机会（依据教师运用组织形式的多样性进行打分，分值分别为 6/4/2 分）	6						
	面向全体幼儿，为幼儿营造关爱、平等、民主、和谐、宽容和支持的学习氛围，关注个别差异，因人施教（依据现场效果酌情打分）	2						
	教师调控能力强，有灵活的教学机智和应变能力，能敏感地察觉幼儿的表现和反应，及时以适当的方式应答（依据现场效果酌情打分）	4						

表17　项目活动课程故事记录表

项目名称	我的情绪小怪兽		项目类别		□主题下		□非主题下
项目周期	4周	年龄段	4—5岁	记录人		张晨　陈娇娇	

项目活动目标	1. 鼓励幼儿感知并正确认识自己的情绪，充分锻炼情绪表达和理解能力。 2. 帮助幼儿找到不良情绪的转化途径，找寻缓解、释放情绪的方法。 3. 初步培养幼儿积极乐观的心理素质，理解情绪与健康之间的关系。 4. 愿意通过语言表达情绪，并能用恰当的词语描绘、形容自己的感受。 5. 引导幼儿萌发关心他人，愿意为身边的人带去快乐的情感。

项目活动课程故事 （从项目的来源、推进到结束）	资源开发中的教师策略	资源开发中的儿童策略	儿童发展
（一）项目缘起 乖乖虎班的孩子都有一个记录本，他们以绘画的方式记录着自己的故事。可是，每当记录"心情"这一栏时，他们总是不约而同地记录为"开心"。这种记录和实际情况的不符引发了我们的思考：难道孩子们每天的情绪只有"开心"吗？对于"情绪"孩子们了解吗？情绪又该如何表达和调节呢？我们决定以此为契机，遵从《指南》精神，从幼儿的已有经验和需求出发，鼓励他们感知并正确认识自己的情绪，充分锻炼情绪表达和理解能力，最重要的是支持幼儿找寻缓解、释放情绪的方法。于是，一场关于"情绪"的探秘活动拉开了序幕。 （二）项目预设 通过分析，我们将"情绪"中涵盖的知识点及潜藏的价值进行了延伸和拓展，预设了网络图。 （三）问题清单 我们结合孩子已有经验和当前问题，与孩子一起梳理了问题清单，	孩子们的每一次分享，都给了我们提供了了解他们内心的机会。适宜的活动形式及各种资源的有效运用，都推动着项目活动的持续进行。从家长们的反馈中可知，他们也感叹于孩子们对情绪的记录能更好地帮助他们了解孩子对于事物的认知与看法，同时提醒着他们更加关注孩子们的内心。	在幼儿开始关注情绪的时候我们就发现，每个幼儿的观察和思考都是不一样的，孩子们熟练使用调查表的方式可以直接建立经验，并与同伴交流各自的想法，进行思维的碰撞，经验的分享。在调查表的分享中，孩子们讲了很多眼睛看到的和看不到的东西，提高了表达能力。孩子们的积极投入，就是最好的收获。	孩子们通过活动不仅丰富了对情绪的认知，也激发了对情绪探索的兴趣。孩子们越来越注重体会内心的感受、察觉自己的情绪。当他们愿意通过语言表达情绪，并能用恰当的词语描绘、形容自己的感受时就迈出了控制和调节情绪的第一步。

续表

并重新检视网络图，以驱动性问题的探究推动项目活动有序开展。			
（四）情绪有哪些 我们通过绘本《我的情绪小怪兽》带领孩子们发现自己的不同情绪，了解情绪的基本分类——喜、怒、哀、惧，孩子们对每一只小怪兽都有了独特的理解。于是，老师适时提出了"你今天和哪只小怪兽做了朋友？为什么？"的问题，并以问题为导向召开了儿童会议，引导孩子们讨论述说自己的情绪体验。			
（五）你有这些情绪吗 幼儿结合绘本中情绪对应的颜色，再联系自身经历，在父母的协助下，以图文结合的方式梳理了自己的情绪。来园后，老师给予其一个宽松、自由的环境，鼓励他们向同伴分享自己的情绪记录单。在孩子们的分享中，喜、怒、哀、惧具象为各种颜色，这是他们对情绪的独有感受和表征。将每一种情绪与引发这一情绪的事物相对应，找到了情绪出处、来源，加深了孩子们对情绪更进一步的认识和理解。			
（六）当有这些情绪时，你会有哪些表现 情绪不仅是内在的体验，也是外在的表达。孩子们通过动作、表情、语言、绘画等表征形式找到了答案。对于情绪的体验和理解也在不断探究中得到深入。 在一次大畅游活动中，我戴在手腕上手环引起了孩子们的注意。在他们的理解中，手环的颜色对应着心情，戴上手环也是情绪表达的一种方式。于是，我们以小组	通过问题讨论和亲子调查，孩子们对自己和他人的情绪进行捕捉和表征，看见了自己和他人的内心世界，所以教师应给予其足够的空间谈论表达；父母作为家庭教育	孩子们在思考中一边给出答案，一边又不断发现新的问题，于是我们一起设计了关于孩子和父母的情绪调查表，要求幼儿和家长一起通过上网、去图书馆、咨询相	每个孩子的情绪体验都是不同的，课程故事记录表以直观、形象的方式呈现了孩子的内在感受，使他们在表达分享中与同伴进行思维的碰撞和经验的累积。思维能力

续表

合作的方式"生产"出了各种颜色的情绪手环，孩子们每天入园都将自己的心情手环戴在手上，手环成了孩子们表达情绪、感知他人情绪的方式。 （七）其他人也有这些情绪吗 为解开"其他人也有这些情绪吗"这一疑问，孩子们决定调查身边最熟悉的人。当"老师有情绪吗"成为孩子们的论点时，一场别开生面的儿童会议开始了。 孩子们的发现总是让人感到惊喜，他们能从他人的表情、动作、语言中感受到他人的情绪，还能结合自己的经验找寻他人产生情绪的原因。他们还利用调查表了解父母的情绪及其产生的原因，家长们也分享着他们是如何调节情绪的方式、方法。 （八）为什么会有这些情绪 在与孩子们梳理调查表、记录单的过程中，我们敏锐地捕捉到孩子的关键经验，将他们零散的表达和描述凝练成几个关键词——人、事、物。即情绪的产生是因为一个人、一件事或一个物品，其背后都关联着情绪。 在一次谈话活动中，一个孩子说："我有一个很喜欢的钥匙扣，本来以为它丢了，我好伤心，最后在家里的柜子里找到了，我就好开心。"孩子的这句清晰、完整的陈述不经意间道出了其情绪的起伏变化，似乎也给了其他同伴"灵感"，他们也纷纷回忆起自己有过相同的情绪体验。 谈话接近尾声时，孩子们积极表达着自己对情绪变化的理解： 情绪就像大波浪；	的第一人应参与到孩子的情绪管理中，父母给予的支持与配合将影响孩子的人格发展。 在幼儿交流的过程中，教师应鼓励幼儿去发现，并及时梳理幼儿的想法和经验，孩子们只有在宽松的心理环境和丰富的物质环境中，才能自主探索、自由表现。 教师在项目活动中始终扮演着支持者、引导者、合作者的角色。中班孩子受限于年龄、经验，在探究情绪这一无形的概念时亟须教师协助，教师应整合幼儿已有认知提炼出必要的关键经验，帮助幼儿建立情绪认知概念，接纳一切真实的感知和	关专业人士等寻找问题的答案。在分享交流中，幼儿形成了多种经验的融合，在倾听同伴的表达中也获得了新的经验，还增强了沟通的能力。 在情绪探究的过程中幼儿使用专属的记录本，运用图画和符号完成，这有利于增强了幼儿的记录能力，肯定幼儿的情感参与。 幼儿学习的积极性、求知欲在活动中被自发地调动了起来。在此过程中，幼儿需要思考一系列的问题，比如情绪的产生是因为一个人、一件事还是一个物品，其背后都关联着什么情绪等。所有这些问题都应该由幼儿共同思考、交流、合作来解决。	的发展能促使口语表达能力的提升，幼儿用图画、符号表征想法和经验的过程中，为前书写奠定了良好的基础。 孩子们带着问题，找到了情绪产生及发生转变的原因，并且用积极主动的态度去面对消极、负面的情绪，为自己和他人的情绪找到了排解的出口。小妙招的收集、情绪屋的建造、情绪小游戏的设计……使活动的层次性和构建性在孩子们的探究中得

续表

情绪就像火焰； 情绪就像彩虹； 情绪就像坐过山车…… （九）改变情绪的小妙招 在找到情绪产生和转变的原因后，孩子们还成立了"情绪研究小队"，思考着如何保持良好情绪或者打败那些坏情绪小怪兽。 小妙招的收集整理为孩子们的情绪找到了突破口，当"妙招"装订成册时，孩子们的成就感油然而生，他们为成为"图书"的作者而欢呼雀跃，也继续找寻着释放情绪的有效法宝。 他们在班里建造了一个属于大家的"情绪小屋"，把能够使他们的情绪得以缓解的物品都投放到了那里。	情绪体验，为内心注入强大力量，科学有效地管理情绪。教师要敏感捕捉幼儿的当前兴趣和需要，通过观察、倾听参与幼儿的活动，顺应幼儿的需求，更深层次地开展活动。	我们要做到一方面保护孩子的想法，给予他们充分的支持与鼓励，另一方面要给予幼儿试错的机会，引导他们在失败中找寻正确的方法，结合前期经验不断尝试、实践、探索，从而得到结论，提升经验、能力。	以体现。不管成功与否，孩子们都在积极动脑积极参与，这就是项目活动的最大魅力。

　　课题组对项目活动开展中资源使用的有效性进行了初步研究，根据项目的实施和资源的开发，设立了以教师、幼儿为双向资源开发对象的评价工具，如项目活动环境创设表、项目活动观察记录表、项目活动资源配置表、项目活动课程故事表、项目活动资源促进幼儿发展评价指标等。在后期的研究中，我们还需要大量的数据来实践验证评价工具的维度、指标是否科学合理，并进行评价数据的伴随性采集，从而力求能形成较为系统的评价体系。总体说来，课题组多关注于评价工具的研制，却忽略了建立相对应的科学的评价指标。因此，在下一步的评价工具和标准的研究中，我们将继续以"收集数据—分析数据—修改研制—再收集……"这一循环往复的路径，研制出更加科学、系统的支持幼儿园项目活动开展的资源开发方面的评价标准和体系，科学、便捷、高效地实现对项目活动中资源开发的成效评估。

第五章
幼儿园项目活动资源开发行动案例

分类一　自我探究

> 项目活动名称：我的情绪小怪兽
>
> 项目实施班级：乖乖虎（中班）
>
> 项目开展周期：三周
>
> 项目记录人：陈娇娇

一、项目活动介绍篇

（一）项目活动来源

乖乖虎班的孩子们都有一个记录本，他们以绘画的形式记录着自己的故事。可是，每当记录"心情"这一栏时，孩子们总会不约而同地画上一个笑脸。孩子们的记录与实际情况并不完全相符，这引发了我们的思考：难道孩子们每天的情绪只该有"开心"吗？对于"情绪"孩子们了解吗？情绪又如何表达和调节呢？愿望得不到满足时的哭泣、和同伴发生矛盾时的发脾气、独自一人睡觉时的害怕……作为教师或家长，我们都有必要尽可能引导孩子认识自己的情绪、接纳自己的情绪，并通过一系列措施管理自己的情绪。我们决定以此为契机，遵从《指南》精神，从孩子们的已有经验和需求出发，鼓励他们感知并正确认识自己的情绪，进行自我探索，充分锻炼情绪表达和理解能力，最重要的是支持他们找寻缓解、释放情绪的方法。使他们在自我探索过程中获得终身受益的发展和培养，于是，一场关于"情绪"的探秘活动拉开了序幕。

（二）项目活动准备

1. 经验准备

（1）关于情绪的认识（已知）。

（2）关于分辨情绪的经验准备。

（3）关于情绪的类型及表现形式。

2. 材料准备

（1）幼儿记录本。

（2）关于情绪的绘本。

3. 环境准备

（1）阅览吧：关于情绪的书籍。

（2）区角提供"情绪小屋"。

（三）项目活动探究记录

	活动名称	图片	文字说明
第一阶段：项目主题生发与选择	幼儿记录本		乖乖虎班的孩子们都有一个自己专属的记录本，他们以绘画的形式记录着自己的故事。可是，每当记录"心情"这一栏时，他们总是不约而同地记录为"开心"。这种记录和实际情况的不符引发了我们的思考：难道孩子们每天的情绪只有"开心"吗？对于"情绪"孩子们了解吗？情绪又该如何表达和调节呢？

续表

第一阶段：项目主题生发与选择	预设网络图		通过对孩子们感兴趣的问题、探究过程的细致分析，我们将其中涵盖的知识点以及潜藏的价值进行了延伸和拓展，形成了预设网络图，将项目活动的可能走向及孩子们所能获得的发展在网络图里进行了呈现。
第二阶段：项目主题筛选与确定	问题清单	**问题清单** 	随着项目的启动，孩子们成了项目活动的主体。为了及时掌握孩子们的已有经验和当前的兴趣点，准确把握项目活动的走向，我们将孩子们的问题进行了梳理，形成了问题清单，并重新检视网络图，以驱动性问题的探究推动项目活动有序开展。
	绘本启动		立体绘本《我的情绪小怪兽》以立体的造型、鲜明的色彩、情绪分明的小怪兽霎时吸引了孩子们的目光。绘本抓住孩子们的认知特点，将抽象、无形的情绪化身为一只只"小怪兽"，不同情绪的小怪兽则成了孩子们探索内心世界的伙伴，带领孩子们发现着自己的不同情绪。
第三阶段：活动操作与探索	儿童会议		绘本《我的情绪小怪兽》带领着孩子们发现不同的情绪，了解情绪的分类，使孩子们对每一只小怪兽都有了独特的理解。"你今天和哪只小怪兽做了朋友，为什么？"以问题为导向的儿童会议引发了孩子们的讨论，他们争相述说着自己的情绪体验。

续表

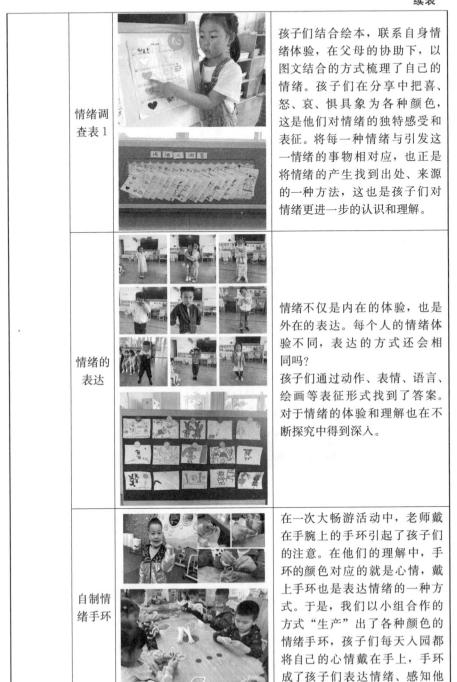

	情绪调查表1		孩子们结合绘本，联系自身情绪体验，在父母的协助下，以图文结合的方式梳理了自己的情绪。孩子们在分享中把喜、怒、哀、惧具象为各种颜色，这是他们对情绪的独特感受和表征。将每一种情绪与引发这一情绪的事物相对应，也正是将情绪的产生找到出处、来源的一种方法，这也是孩子们对情绪更进一步的认识和理解。
	情绪的表达		情绪不仅是内在的体验，也是外在的表达。每个人的情绪体验不同，表达的方式还会相同吗？孩子们通过动作、表情、语言、绘画等表征形式找到了答案。对于情绪的体验和理解也在不断探究中得到深入。
	自制情绪手环		在一次大畅游活动中，老师戴在手腕上的手环引起了孩子们的注意。在他们的理解中，手环的颜色对应的就是心情，戴上手环也是表达情绪的一种方式。于是，我们以小组合作的方式"生产"出了各种颜色的情绪手环，孩子们每天入园都将自己的心情戴在手上，手环成了孩子们表达情绪、感知他人情绪的方式。

续表

情绪调查表 2		为了完成问题清单上的任务，孩子们决定调查身边最熟悉的人。当"老师有情绪吗"成为孩子们的探究点时，一场别开生面的儿童会议开始了。孩子们的发现总是让人感到惊喜，他们能从他人的表情、动作、语言中感受到他人的情绪，还能结合自己的经验找寻他人情绪产生的原因。他们还利用调查表了解父母的情绪及其产生的原因，家长们也分享着他们是如何调节情绪的。
情绪研究小队		找到了情绪产生、发生转变的原因，孩子们研究"打败"情绪小怪兽的欲望呼之欲出。孩子们根据自己的意愿，选择了其中一种"小怪兽"，三五成群地成立了"情绪研究小队"。如何保持良好情绪或者打败那些情绪小怪兽，成为每个小队正在进行的任务。
情绪小妙招册子		小妙招的收集整理为孩子们的情绪找到了突破口，当"妙招"装订成册时，孩子们的成就感油然而生，他们为成为"图书"的作者而欢呼雀跃。也继续找寻着释放情绪的有效法宝。

第四阶段：活动分析与评价	建立情绪小屋		孩子们利用区角建造了一个属于他们自己的"情绪小屋"，经常在里面讲述着属于他们自己的小秘密，并且把能够使他们的情绪得以缓解的相关物品（解压球、毛绒玩具、生气鸡、气球等）投放到了情绪小屋。
	设计小游戏		孩子们还设计了打败小怪兽的小游戏：撕掉坏情绪、情绪炸弹……通过各种形式的释放与展示，项目活动的层次性和构建性也在孩子们的探究中得以体现。

二、教师教育策略及幼儿操作路径篇

（一）项目主题生成与选择——利用观察记录表

表1

（通过在项目生成阶段对幼儿的观察和解读，找到问题或幼儿的兴趣点）

乖乖虎班项目活动"情绪小怪兽"观察记录表 （项目主题生发与选择阶段——观察幼儿兴趣点）				
观察时间	观察地点	观察对象	观察形式	记录人
2022.9.23	活动室	班级部分幼儿	□个体、☑小组、□集体	陈娇娇
幼儿行为观察	中班新学期孩子们每天都期待着放学前在记录本上写下绘画日记，记录他们在这一天中发生的事情。孩子们的绘画日记上有开心的笑脸娃娃、生气的瘪嘴娃娃、伤心的流泪娃娃。孩子们画完后还会与同伴分享自己的图画内容，孩子们的聊天非常投入。 苗苗说：今天早上是奶奶送我的，我有点不高兴，要是明天妈妈还不送我，我会哭的。 俊熙说：妈妈昨天晚上给我买了一大盒巧克力，我好开心啊！ 甜甜说：我一点也不开心，晨晨把我搭建的公园给踢翻了，我不跟他玩了。 小敏说：琪琪不和我做朋友了，她今天带的绘本都不愿意和我分享。 佳佳说：明天我不想穿裤子，我明天要穿裙子，我天天都要穿裙子！ ……………
幼儿行为解读	通过翻看孩子们的绘画日记和聆听孩子们的聊天，我发现他们开始关注自己的情绪，喜欢分享自己的心情了。从孩子们的表达中可以看出，孩子们能够表达清楚自己的情绪，但是还不知道如何处理情绪问题。
教师分析与总结	情绪存在于每时每刻，孩子们对于情绪了解多少呢？我应当抓住孩子们对情绪的兴趣点，帮助孩子们正确认识情绪。《指南》认为，5岁多的幼儿应该知道引起自己某种情绪的原因，并努力缓解，学会正确表达情绪的方式，转换情绪。因此，以探究情绪为项目主题的活动是非常有价值的。我们决定以此为契机，从孩子们的已有经验和需求出发，展开了关于情绪的项目探索之旅，希望引导孩子们正确认识情绪，支持孩子们找寻缓解、释放情绪的方法。

（二）主题筛选与确定——利用思维导图表、问题清单

表1　思维导图

（以发散与分层展示的图示，帮助师幼拥有独特的图像记忆）

温江区实验幼儿园项目活动预设网络图	
名称	项目活动思维导图
图示	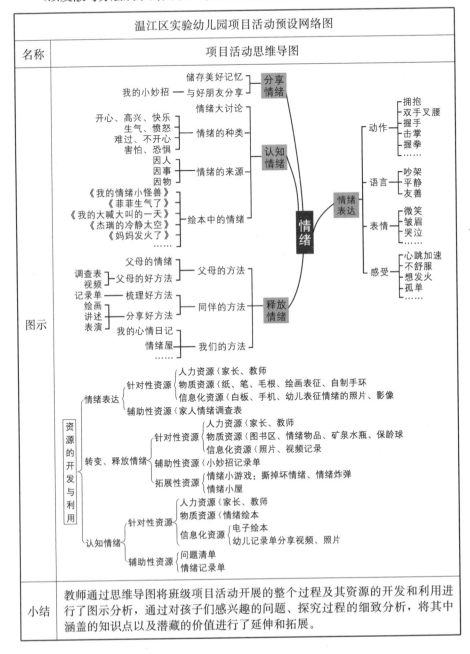
小结	教师通过思维导图将班级项目活动开展的整个过程及其资源的开发和利用进行了图示分析，通过对孩子们感兴趣的问题、探究过程的细致分析，将其中涵盖的知识点以及潜藏的价值进行了延伸和拓展。

表 2 问题清单

（通过问题清单一目了然地抓住重点，梳理问题，记录发现）

温江区实验幼儿园项目活动问题清单记录表			
幼儿的问题	生成的活动	活动重难点	我们的发现
情绪是什么？	语言活动：情绪小怪兽	了解情绪的几种基本类型。	孩子们开始注意体会内心的感受、察觉自己的情绪。
情绪从哪里来？	谈话活动：今天他怎么了	找到情绪产生及发生转变的原因。	团体讨论，从他人的表情、动作、语言中进行情绪体验，结合经验找寻情绪产生的原因。
每个人都有情绪吗？情绪都一样吗？	调查分享：情绪调查表	对自己的情绪调查表进行分享与阐述。	孩子们在分享阐述中思维能力得到发展，口语表达能力得到提升。
为什么会有这些情绪呢？	调查分享：情绪记录单	以图文结合的形式梳理自己或他人的情绪。	《情绪记录单》形象生动地帮助孩子们展示了对事物的认知与看法。
情绪可以怎样表达呢？	小组活动：我们这样做	对自我情绪的探索以及对身边人的关注。	适当的活动形式推动着项目活动持续进行。
怎样才能改变我的情绪呢？	游戏活动：打败情绪小怪兽	辅助性、针对性资源的有效运用，催生了孩子们的好奇心与探究欲。	活动的层次性和构建性也在孩子们的探究中得以体现。

（三）操作与探索阶段——利用交流支持表、调查表

表1　交流支持表

（教师以参与者、引导者角色与幼儿对话交流，支持幼儿的探索）

温江区实验幼儿园乖乖虎班项目活动师幼交流记录表			
交流时间	交流地点	交流对象	交流方式
2022.9.23	活动室	班级幼儿	□同伴式交流　□引导式交流
	交流对话内容		
交流图片 	教师：绘本里的情绪小怪兽什么时候会变色呢？ 幼儿：生气就会变成红色，伤心会变成蓝色，平静会变成绿色。 幼儿：开心时是黄色，很害怕时是黑色！ 教师：你们在什么时候会生气呢？ 幼儿：我在被别人抢玩具时会生气。 教师：那在这个时候你会怎么做呢？ 幼儿：我会抢回来。 教师：抢回来之后，小朋友也会生气，那你们是不是就吵起来了呀？ 教师：有没有不一样的解决方式，谁可以告诉我呢？ 幼儿：不能抢玩具，咱们一起玩。 教师：哇，有小朋友想到了好办法，这个时候的情绪会变成什么颜色。 幼儿：黄色！开心的黄色。 教师：今天老师的心情是蓝色的，你们可以让我开心吗？ 幼儿：哈哈哈，老师跟着我们笑就会开心。 幼儿：不对不对，我们可以给老师一个抱抱。 幼儿：我们一起给老师抱抱！ 教师：哇，好温暖的怀抱，老师现在的情绪也变成开心的黄色了。 幼儿：哈哈哈，我的也是黄色的！		
教师分析与反思	每个人都有情绪，幼儿情绪是幼儿能否得到满足的一种心理状态。幼儿的年龄决定了他们调节情绪的能力有限，他们还不会运用自我鼓励的方法调节自己的不良情绪，所以幼儿很容易出现哭闹、生气、愤怒等不良情绪。我们通过谈话的方式引导幼儿认识情绪，并尝试学会排解自己的不良情绪，提高自己的语言表达能力，可以让幼儿真正懂得如何让自己快乐起来。		

表 2　调查表

（结合已有经验，在父母的协助下，以图文结合的形式进行梳理）

情绪记录单	
记录人：	
开心时，我会想到的颜色（涂一涂） ♡	哪些事情让我感到开心（画一画）
生气时，我会想到的颜色（涂一涂） ♡	哪些事情让我感到生气（画一画）
伤心时，我会想到的颜色（涂一涂） ♡	哪些事情让我感到伤心（画一画）
害怕时，我会想到的颜色（涂一涂） ♡	哪些事情让我感到害怕（画一画）

情绪调查表			
调查人：			
爸爸 妈妈	表情、语言、动作 （图十文）	原因 （图十文）	打败情绪小怪兽的方法

三、活动评价与分析篇

温江区实验幼儿园乖乖虎班幼儿项目活动探究过程记录及反思			
	活动图片	教师评价分析 儿童的发展	活动图片	教师评价分析 儿童的发展

	活动图片	教师评价分析 儿童的发展	活动图片	教师评价分析 儿童的发展
项目活动探究前的精彩瞬间		组织幼儿阅读立体绘本《我的情绪小怪兽》，绘本中立体的造型、鲜明的色彩、情绪分明的小怪兽霎时吸引了孩子们的目光。绘本抓住了孩子们的认知特点，将抽象、无形的情绪化身为一只只"小怪兽"。不同情绪的小怪兽则成了孩子们探索自己内心的伙伴，带领孩子们发现自己的不同情绪。孩子们在阅读中了解了情绪的基本分类——喜、怒、哀、惧。		孩子们越来越注意体会内心的感受、察觉自己的情绪了。当孩子们愿意通过语言表达情绪，并能用恰当的词语描绘、形容自己的感受时，就迈出了控制和调节情绪的第一步。孩子们的分享也给老师提供了一次了解孩子内心的机会。适当的活动形式，辅助性、针对性资源的有效运用，都推动着项目活动的持续开展。
项目活动探究中的精彩瞬间	活动图片 	教师评价分析 儿童的发展 孩子们对自己情绪的记录，是一种较为形象生动的方式。通过问题讨论和亲子大调查，孩子们对自己和他人的情绪进行了捕捉和	活动图片 	教师评价分析 儿童的发展 每个孩子的情绪体验都是不同的，姿态动作、符号表征等这些图片呈现出了孩子的内在感受。他们在表达与分享中与同伴进行着思维

	表征，看见了自己和他人的内心世界；增加了学习说话的机会。这一活动给予孩子们足够的空间谈论他们感兴趣的话题，表达自己的想法，也帮助家长了解了孩子对于事物的认知与看法，提醒着他们更加关注孩子的内心。		的碰撞和经验的累积。思维能力的发展促使他们的口语表达能力得到了提升，在用图画、符号表征想法和经验的过程中，他们也为自己进行前书写奠定了基础。
	活动图片	教师评价分析 儿童的发展	活动图片	教师评价分析 儿童的发展
项目活动结束阶段		孩子们带着问题，在好奇心和兴趣的驱动下，思考并解决着一个又一个问题，找到了情绪产生及发生转变的原因，并且愿意用积极主动的态度去面对消极、负面的情绪，为自己和他人的情绪找到了排解的出口。孩子们运用绘制的方式共同创造了这本"情绪小妙招"小册子，这是幼儿工作成果的体现。在此过程中幼儿的设计、动手能力得到了很好的锻炼。		通过游戏的方式，孩子们创造性地进行表达，使抽象的问题在真实情境中具象化解决。游戏的设计、方式、规则等都由孩子们共同完成。情绪屋的建造也是孩子们提出来的想法，他们需要这样一个秘密小屋。活动的层次性和构建性也在孩子们的探究中得以体现，孩子们的经验通过多层次的表征方式得以呈现，探究进程也得以完整呈现。

四、结语

情绪是人与生俱来的一种本能，每一个孩子都有着丰富的情绪体验。对于教师来说，鼓励幼儿在真实的问题情境中持续探究，结合身边各类资源，采取科学、有效的策略，使幼儿在探究中发现问题、解决问题，意义重大。对于幼儿来说，情绪的安定与愉快是维护身心健康、促使其产生社会适应行为并逐渐形成良好个性的重要条件。我们应当尽可能引导幼儿认识自己的情绪，接纳自己的情绪，并科学有效地管理好自己的情绪。

> **项目活动名称：巧妙的结**
>
> **项目实施班级：小海星（大班）**
>
> **项目开展周期：四周**
>
> **项目记录人：张丹**

一、项目活动介绍篇

（一）项目活动来源

户外游戏的时候，嘉一小朋友的鞋带松开了，他蹲在地上仔细地摆弄着自己的鞋带，试图将鞋带系好，但是他摆弄了好一会儿也没有成功。这时，蹲在地上系鞋带的嘉一引起了大家的注意，几个小朋友围了过来。

嘉一：我的鞋带松了，你们会系鞋带吗？

果果：我不会。

依依：我也不会。

辰辰：萱萱会系，我们请萱萱来帮你吧！萱萱，嘉一的鞋带松了，你能来帮帮他吗？

萱萱：好呀！

于是，萱萱蹲下来，三下五除二就帮小伙伴解决了系鞋带的难题，在一旁的小伙伴们发出了赞叹的声音："哇，萱萱你太棒啦！"

萱萱：系鞋带就是给鞋带打一个蝴蝶结就行啦！

那么，你会系鞋带吗？

接下来，大家都在热烈地讨论着关于给鞋带打结的问题。

依依：蝴蝶结太漂亮了，我也好想打一个。

阳阳：我不会打蝴蝶结，我不会系鞋带。

果果：系鞋带好难啊，我每次都系不好。

思润：我的鞋子没有鞋带，所以不用系。

果果：我的鞋带不会松开，因为妈妈给我的鞋带打了个死结。

鑫鑫：我喜欢有鞋带的鞋子，但是我不会系鞋带，我想自己学会系鞋带……

看到孩子们的兴趣和关注点，我们决定以此为契机，将班级项目活动主题确定为"巧妙的结"，为孩子们建立起共同认知。

二、项目前期准备

（一）经验准备

1. 关于蝴蝶结的认识（已知）。

2. 关于打结经验的准备。

3. 关于结的类型及表现形式。

（二）材料准备

（1）打结用的绳子。

（2）关于打结的示意图。

（三）环境准备

（1）阅览吧：关于结的书籍。

（2）区角："巧妙的结"手工坊。

三、项目活动探究记录

	活动名称	图片	文字说明
第一阶段：项目主题生成与选择	鞋带松了		户外游戏的时候，嘉一小朋友的鞋带松开了，他蹲在地上仔细地摆弄着自己的鞋带，试图将鞋带系好，但是他摆弄了好一会儿也没有成功。这时几个小伙伴围了过来，嘉一想请小伙伴帮助自己系鞋带，可是问了好几个小伙伴都不会，最后在萱萱的帮助下，嘉一的鞋带才被成功系上，大家感到很惊讶，哇！萱萱真厉害，居然会系鞋带。你们会系鞋带吗？
	预设网络图		根据幼儿探索的兴趣以及关注的问题，我们对探究过程进行了细致分析，完成了预设网络图，列出了可能的问题与有机会进行的活动。
第二阶段：项目主题筛选与确定	问题清单	1. 系鞋带用的是什么结？ 2. 你会系鞋带吗？ 3. 蝴蝶结怎么系？ 4. 我不会系蝴蝶结怎么办？ 5. 怎样练习系蝴蝶结？ 6. 哪些地方需要打结？ 7. 各种各样的结有哪些？ 8. 为什么要打结？	项目启动以后，孩子们成了项目活动探索的主体。为了及时掌握孩子的已有经验和当前的兴趣点，把握项目活动的走向，我们将孩子们的问题进行了梳理，形成了问题清单，并重新检视了网络图，针对驱动性问题的探究活动就此展开。

续表

	小调查："你会系鞋带吗?"		看到大家对系鞋带的话题十分关注,我们在班级开展了关于"系鞋带"的小调查。班级里只有零零散散几只举起的小手,原来大部分小朋友都有不会系鞋带的困扰呀!《3—6岁儿童学习与发展指南》为大班幼儿生活自理能力确立的基本目标是会自己系鞋带,我们有必要在这方面加强教育。
第三阶段:活动操作与探索	头脑风暴		系鞋带就是把两根绳子打成一个蝴蝶结,可是蝴蝶结该怎么打呢? 以问题为导向的头脑风暴能够帮助幼儿更深入地去思考问题,探索解决问题的方法,我们引导幼儿说一说自己知道的与系鞋带有关的事情,说一说自己了解的系鞋带的方法,幼儿讨论得很热烈。
	小调查："如何打蝴蝶结?"		通过调查访问,孩子们收集了两种打蝴蝶结的方法, 方法一: 两个好朋友,交叉握握手。 变成兔耳朵,搭个小山洞。 钻过小山洞,用力拉拉紧。 方法二: 两个好朋友,交叉握握手。 变出一只兔耳朵, 一根绳子绕山洞。 钻过小山洞,用力拉拉紧。

学习打蝴蝶结		怎样才能学会打蝴蝶结呢？ 嘉一：回家练习 子涵：绑一条绳子在小椅子上，没事的时候可以练习。 辰辰：记住口令，利用儿歌学习打蝴蝶结。 萌萌：不会的小朋友玩区角游戏的时候可以练习。 果果：请爸爸妈妈教一教…… 孩子们提出了很多办法，最终归结为一条，学会打蝴蝶结的方法便是——多练习。
收集打结的绳子	 	孩子们纷纷收集了各种绳子到幼儿园来练习打蝴蝶结，可是，问题出现了：有的绳子太短，有的绳子太粗、有的太细…… 讨论：什么样的绳子适合练习打蝴蝶结呢？ 结果：鞋带、蛋糕盒上的丝带、稍微长一点的绳子、小书袋上的绳子，这些都可以用来练习打蝴蝶结。
第一次集体练习	 	练习打蝴蝶结时，我们发现幼儿的整体表现是手部动作不灵活，费劲，所以孩子们遇到了很多的问题。活动结束后，孩子们用绘画的方式记录了自己在打蝴蝶结的过程中遇见的问题。主要问题有：为什么我打的结老是松掉？手指头塞到哪里？我明明交叉了，为什么拉开来就不对了呢？我的总是会松掉，而且一边长一边短！哪一根绳子能穿过去呢？

续表

分步骤 练习	 	第一步：打一个单结。 想要把鞋带系成一个漂亮的蝴蝶结，得先从打单结开始。单结是在绳结中历史最长也最简单的一种打结法，幼儿利用儿歌"两个好朋友，交叉握握手"，双手捏着绳子，让绳子两头交叉钻洞洞，然后用力拉紧，就打出了一个单结。 第二步：变成兔耳朵，搭个小山洞。 第三步：钻过小山洞，用力拉拉紧。 孩子们一边念儿歌一边尝试打结，忙得不亦乐乎。
生活区 练习	  	除了让幼儿牢记儿歌，我们还在生活区投放了系鞋带打蝴蝶结示意图。如果打蝴蝶结遇到困难的时候，他们也可以一边看图一边尝试。 幼儿通过打蝴蝶结的练习，发展了手部肌肉的协调性和灵活性，幼儿在实践中发现问题，并通过观察分析问题，积累了操作经验。教师作为支持者，应给予幼儿更多的实践机会，促使幼儿的操作能力进一步提升。

续表

			要想学会打蝴蝶结，练习是最重要的！孩子们在家也在不断练习，学校里面也有小老师帮助。孩子们在不断尝试和练习之下，终于能自己打蝴蝶结，系好鞋带啦！他们学会后的第一件事就是给自己系一个大大的蝴蝶结！
第四阶段：活动分析与评价	我们成功啦		嘉一：今天我穿了系鞋带的鞋子。 鑫鑫：我的鞋带是我自己系的！ 果果：我的衣服上有两根长长的绳子，我们一起来比一比谁系得快吧！ 　　学会系鞋带之后，大家打蝴蝶结的热情高涨。他们在生活中寻找到了很多可以打蝴蝶结的东西，如：在书袋上装饰自己打的蝴蝶结，给手腕上系个漂亮的蝴蝶结手绳，给自己的美术作品上装饰一个蝴蝶结，做一个蝴蝶结小夹子……
	结的妙用		幼儿在不断练习的过程中，渐渐熟能生巧，掌握了打蝴蝶结的方法，获得了成功的体验。在兴趣的驱动下，幼儿又主动探索学习了新方法，再一次解锁了巧妙的蝴蝶结，还探索了不同的打结法。

续表

	各种各样的结		看见孩子们对打结的兴趣不减，我们决定通过不同的方式引导孩子们增进对结的了解。我们以图片、视频等方式为孩子们收集了许许多多的结，如：大型玩具上用来固定的结，攀爬绳上防止滑落的结，跳绳上缩短距离的结，楼道墙面上装饰用的结，垃圾袋上防止垃圾散落的结，手链上的结……
	关于结的寓意		在寻找结的过程中，我们也发现不同的结有不同的作用，而且有的结还有自己的寓意呢！在关于"结"的小知识分享会上，我们还了解到，在没有纸笔的古代，人们为了记住做过的事情，就采用绳结记事的方法，大事用大结，小事用小结。看！孩子们也自己把学会的不同结用到了不同的地方。
	书袋绳子我会系		学会打蝴蝶结以后，孩子们对打结保持着浓厚的兴趣，以前固定小书袋的绳子都需要老师来做，现在他们学会打蝴蝶结以后，大部分孩子都能够自己完成固定书袋的事情了，孩子们的动手能力得到了提高。

二、教师教育策略及幼儿操作路径篇

（一）项目主题生成与选择——利用观察记录表

表1

（通过在项目生成阶段对幼儿的观察和解读，找到问题或兴趣点）

小海星班项目活动"巧妙的结"观察记录表 （项目主题生发与选择阶段——观察幼儿兴趣点）				
观察时间	观察地点	观察对象	观察形式	记录人
2022.3	活动室	班级部分幼儿	□个体、☑小组、□集体	张丹
幼儿行为观察	"老师，你过来一下，这个带子我不会系。"邓嘉一用求助的眼神看着我。 "邓嘉一，你已经把毛线的一头穿了过去，非常棒，那还有另一头，你觉得应该怎么穿呢？" "嗯，用毛线的另一头穿。" "嗯，邓嘉一很棒。" "老师，你看我打的结对吗？" "你看，图上面的结打在了反面，而你的结打在了正面，你觉得对吗？" "不对，可我不会改。"他一面看着手头的毛线发呆，一面说。 "先把毛线拆了，再看看前面的结是怎么打的。你再试一试，好吗？"他点了点头。			
幼儿行为解读	在活动中，很多幼儿由于精细动作发展得还不是很好，所以在制作手工艺品的时候常常会遇到困难，特别是打结、穿毛线等。因此我们不但要让孩子学习一些制作的小技能，而且鼓励孩子大胆去尝试制作。自己动手尝试，即使不成功或者不完美，也没有关系，只要是通过自己的努力在完成制作，那便是最好的。			
教师分析与总结	《幼儿园教育指导纲要（试行）》指出：指导幼儿利用身边的物品或废旧材料制作玩具、手工艺品等来美化自己的生活或开展其他活动。所以我们在幼儿进行手工制作的时候，应该给他们提供操作步骤图，让幼儿按照图上的指示进行活动，尽量减少语言的提示。			

（二）主题筛选与确定——利用思维导图表、问题清单

表1　思维导图

（以发散与分层展示的方式，帮助师幼拥有独特的图像记忆）

温江区实验幼儿园项目活动预设网络图	
名称	项目活动思维导图
图示	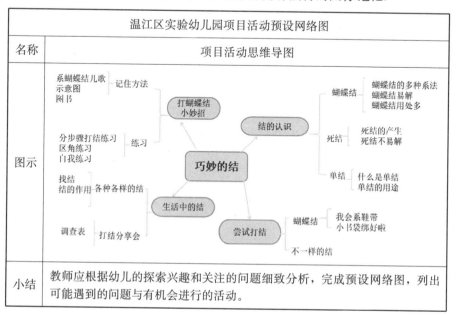
小结	教师应根据幼儿的探索兴趣和关注的问题细致分析，完成预设网络图，列出可能遇到的问题与有机会进行的活动。

（三）操作与探索阶段——利用交流支持表、调查表、资源表

表1　交流支持表

（教师以参与者和引导者的身份与幼儿对话交流，支持幼儿的探索）

温江区实验幼儿园小海星班巧妙的结项目活动师幼交流记录表			
交流时间	交流地点	交流对象	交流方式
2022.12	小海星教室	杨周辰	□同伴式交流 ☑引导式交流
交流图片	交流对话内容		
	区域活动时，杨周辰拿起新投入进区角的系鞋带玩了起来。只见他先把鞋带全部解开，然后一个一个洞地穿进去，穿完之后他看了看自己穿的那一排，心想：又看看旁边的一排，心想："怎么不一样呢？"他又把自己穿好的拆掉，这一次，他把左边的鞋带穿到右边的洞里，右边的鞋带穿到左边的洞里，跟旁边的对比了下，露出了笑容，继续穿着。		

续表

	穿好之后，他开始打蝴蝶结。这时，他按照老师平时教的儿歌，嘴里边念叨边打出了第一个结，"两个兔子耳朵交叉，一只耳朵进洞"，咦，怎么进不了洞洞呢？他又试着用手捏着兔子耳朵的下面，使洞洞大了一些，他终于成功打出了一个完整的蝴蝶结。他开心极了！后来，他又把其他两个蝴蝶结解掉，一遍一遍地练习着。整个区域活动时间，他都在重复练习着系鞋带，中间遇到的困难都被他解决掉了，而且最后打的蝴蝶结比先前好看，速度也快了不少！
教师分析与反思	在整个穿鞋带系蝴蝶结的过程中，杨周辰都非常有耐心，即便遇到了困难，也想法试着一次次尝试克服，而且学会打蝴蝶结后，并没有因此而骄傲，而是继续一次次练习，他的这种坚持精神值得大家学习。

表 2　调查表

（请幼儿结合已有经验，在父母协助下，以图文结合的方式进行梳理）

各种各样的结

各种各样的结	在哪里👀👀它的？

系蝴蝶结的方法
调查人：

表 3　自我探究类项目活动资源表

<table>
<tr><td colspan="5" align="center">幼儿园项目活动分类资源手册</td></tr>
<tr><td colspan="2" align="center">项目名称</td><td align="center">巧妙的结</td><td align="center">教师</td><td align="center">张丹</td></tr>
<tr>
<td rowspan="11">自我探究类项目活动</td>
<td rowspan="4">人力资源</td>
<td colspan="3">教职工__3__人。
其中教师__2__人，保育员__1__人，其他岗位__0__人。</td>
</tr>
<tr><td colspan="3">幼儿__35__人。
其中男生__19__人，女生__16__人。</td></tr>
<tr><td colspan="3">家长__70__人。
其中男家长__35__人，女家长__35__人。</td></tr>
<tr><td colspan="3">其他：□社区　□高校　☑绘本馆</td></tr>
<tr>
<td rowspan="5">物质资源</td>
<td>班级资源</td>
<td colspan="2">☑区角 _____
☑墙面及空间 _____</td>
</tr>
<tr>
<td rowspan="3">园级资源</td>
<td colspan="2">功能室
□生活体验室　□科探室　☑阅览吧</td>
</tr>
<tr>
<td colspan="2">共享体验场
□Q农场　□涂鸦墙　□迷你庄园　□小马路
☑创想DIY　□百变树屋　□沙之城　□投掷区
□水世界　□寻宝园　□欢乐足球场　□旋转碰碰乐
□冒险林　□木工制作区　□体能游戏　□欢乐谷
□传统游戏区　□创意建构区</td>
</tr>
<tr><td colspan="2">其他区域_____</td></tr>
<tr>
<td rowspan="2">信息化</td>
<td>设备</td>
<td colspan="2">☑多媒体一体机　☑实物投影仪　☑手机　☑电脑
☑面包机　☑校园网等　☑U盘　□其他</td>
</tr>
<tr>
<td>手段</td>
<td colspan="2">☑视频　☑音频　☑图片　☑PPT
□其他：_____</td>
</tr>
</table>

三、关于"结"的小思考

《3—6岁儿童学习与发展指南》中对大班幼儿生活自理能力的基本要求是会自己系鞋带。我们在日常生活中常常可以看见结的身影，我们也经常跟结打交道，如系鞋带，系裤子、衣服上的装饰带等，因此去了解一些基本的打结方法，体会结的妙用是很有意义的。引导幼儿了解一些有关结的常识，学会一些常用的打结方法，能够激励孩子动手实践的欲望，帮助他们提高生活自理能力、审美能力。从学着系鞋带到探索身边各种各样的结，在实践活动过程中，孩子们主动参与，乐于探究，勤于动手，积极感受着结的作用和意义。通过本次项目活动，幼儿掌握了打蝴蝶结的技能，锻炼了手部肌肉的灵活性，实实在在地提升了生活技能。教育的目的在于解决问题，点滴积累，就可由微小至强大，由量变到质变。在保教结合的实战中，我们要多多关注幼儿生活上的需要，让教育更具生活力。

分类二　周围事物探究

> 项目活动名称：足球队诞生记
> 项目实施班级：泡泡鱼（大班）
> 项目开展周期：四周
> 项目记录人：斯维佳

一、项目活动概述——实现儿童关于足球的小梦想

（一）项目活动来源

好奇心是人类的天性，对于幼儿来说，一旦面临新奇的、神秘的、有趣的事物，就会产生强烈的好奇心并引发探究行为。幼儿正是通过这些探究行为，有选择性地了解周围事物，积累生活经验。泡泡鱼班本学期的项目活动就起源于孩子们对足球产生了强烈的好奇心。

新学期开学后不久，基于园所活动的全面化与丰富化，泡泡鱼班成为足球特色课程实验班。当我把这个消息告诉幼儿以后，突如其来的身份认同感让孩子们立刻兴奋起来。随着班级开展足球活动次数的增多，富有挑战性的足球技术、有趣新颖的足球游戏、帅气的足球教练，无一不激发着幼儿对于足球的强烈兴趣，幼儿之间关于"足球"的话题越来越多，于是

我及时把握住幼儿的这一兴趣点,以"足球"为主题生成了本学期的班级项目活动。

(二)项目活动目标

1. 通过调查了解足球队相关知识,丰富关于足球队文化的经验。

2. 知道队名、队徽、队服等是足球队的文化象征,知道队徽、队服上各种元素表达的含义。

3. 能在理解足球文化的基础上运用符号、图画、文字等自主设计足球队相关文化物品。

4. 能根据设计图自主进行足球队队服(球衣)的制作,有较强烈的任务意识。

5. 能根据问题或需求自主或在大人协助下进行资源的收集,在资源的运用上有自己的想法。

6. 对探究和操作活动感兴趣,能产生成功完成任务的喜悦感和成就感。

7. 通过项目活动的开展,提高核心素养,增强对足球文化的喜爱之情。

(三)项目活动准备

1. 经验准备

(1)幼儿前期有开展足球活动的经验,对足球这一运动有一定的认识。

(2)幼儿在日常生活中对足球文化有一定的了解。

(3)幼儿前期参加过调查活动,有调查某种事物的经验,知道常用的调查途径和方法。

(4)幼儿前期参加过投票活动,知道投票的意义,能熟练运用正字计票法和数量计票法。

(5)幼儿有设计和制作的经历,能自主进行设计,知道按照设计图进行制作,有一定的任务意识。

(6)幼儿有根据任务收集资源的经历,掌握基本的资源收集方法和途径。

2. 材料准备

（1）表征类材料：问题清单、调查表、任务清单、设计单等。

（2）制作类材料：马克笔、彩笔、排笔、颜料、基础款 T 恤等。

（3）辅助类材料：多媒体一体机、手机、电脑、电视机、足球杂志等。

3. 环境准备

（1）班级环境：美工区、活动室、项目活动主题墙等。

（2）园内环境：欢乐足球场。

（3）园外环境：足球场、温江区足球训练基地等。

（四）项目活动探究记录

	活动名称	图片	文字说明
第一阶段：项目主题生成与选择	我想知道的足球知识		幼儿围绕足球知识进行已有经验的表达与记录，提炼兴趣点。
第二阶段：项目主题筛选与确定	足球队大猜想		幼儿将自己关于足球队的已有经验、猜想与问题进行表达与记录。

续表

	探究我 做主		教师协助幼儿将关于足球队的几个共性问题筛选出来,幼儿用民主投票的方式确定项目活动主题。
第三阶段: 活动操作 与探索	发现 足球队		父母带领幼儿利用周末时间探寻身边的足球队,带领幼儿近距离接触足球队,知道每支球队都有队名、队徽和队服。
	我喜欢 的队名		幼儿根据自我喜好为班级足球队取名,并说出自己设计的队名的意义。
	队名 大投票		幼儿在班级内进行队名投票,确定班级足球队的最终队名。
	调查 小能手		在调查活动开展之前,幼儿通过任务清单表征自己完成调查的方式和需要使用的资源。

认识 队徽		师幼共同认识知名足球队队徽，了解队徽上的元素所象征的意义。
队徽 设计师		幼儿自主进行队徽设计，设计的队徽能体现班级足球队队名及自己对足球队的良好愿景。
队徽 大投票		幼儿在班级内进行投票，选出班级足球队的队徽。
队服 小调查		幼儿和家长一起利用多媒体技术对足球队的队服展开调查并进行记录。
认识 队服		师幼共同认识知名足球队队服，了解队服上的基本元素。
队服 设计师		幼儿自主进行班级足球队队服设计，进行审美的个性化表达。

续表

第四阶段：活动分析与评价	收集材料方法多		幼儿在进行队服制作之前，预想制作活动所需的材料和收集途径并进行记录。
	我来做队服		幼儿按照自己的设计图制作队服。
	闪电队登场		幼儿身着队服开展足球活动，体验成功的喜悦，感受身为球队一分子的荣誉。

二、项目活动中的教师——建立在读懂儿童基础上的活动助推官

1. 根植生活，源于儿童，以对儿童的观察生成活动

教师在日常活动中通过对儿童的观察，及时把握他们对于足球的强烈兴趣，通过《项目活动生发与选择阶段幼儿观察记录表》对幼儿的兴趣及行为进行记录，并通过收集、分析幼儿的想法，生成了班级项目活动。

泡泡鱼班项目活动足球队诞生记观察记录表				
（项目主题生发与选择阶段——观察幼儿兴趣点）				
观察时间	观察地点	观察对象	观察形式	记录人
2022.5.11	班级教室	全体幼儿	□个体、□小组、☑集体	斯维佳
幼儿行为观察	根据幼儿园工作安排，本学期我们班成了"足球特色课程实验班"。在今天的室内谈话活动中，我将这个消息告诉孩子们，并表示之后每周我们都会比其他班多开展一次足球特色活动。孩子们听到这个消息后兴奋极了，教室里瞬间像炸开了锅，很多孩子都自发地鼓起掌来。弟弟说："我最喜欢踢足球了！"乐乐说："我周末还报了足球班，我在学足球。"雯雯说："超越老师上个星期说我们还会分队比赛。"小涵说："我们以后每周都要进行足球比赛。"			
幼儿行为解读	兴趣是幼儿最好的老师，幼儿的兴趣和对于某种事物的热情会激发其无穷的探究欲望，支持其持续围绕这一事物进行想象、探索。我们班幼儿在前期开展足球特色活动时就对足球表现出了特别的喜爱，每次上足球课，班级幼儿参与积极性都很高，也特别喜爱为我们上课的足球教练。因此，在我宣布这个消息的时候，幼儿都非常开心，并针对班级之后的足球活动展开了积极的想象。			
教师分析与总结	本次谈话活动充分表明班级幼儿对足球有浓厚的兴趣、强烈的好奇心和积极的参与愿望。我们班幼儿对于足球有一定的直观经验，但对于足球及足球文化还有很多探索空白区，因此，作为教师，我决定积极把握这一探索契机，生发班级项目活动主题。			

2. 预设网络图，把握活动整体脉络

温江区实验幼儿园项目活动预设网络图	
名称	项目活动思维导图
图示	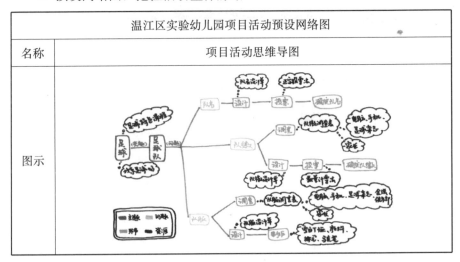

续表

小结	幼儿基于对足球的兴趣产生了关于足球队的探究欲望，我们通过投票的方式确定了项目活动"足球队诞生记"下的三大兴趣点：队名、队徽和队服，意在引导幼儿循序渐进地展开探索。在探索过程中，我们通过调查—设计（投票）—制作这一基本步骤和幼儿一起完成了班级足球队文化创建，引导幼儿对将要运用的资源进行猜想、验证，鼓励幼儿运用多种途径和方法开发、运用资源，运用多种支持性策略和资源支持幼儿完成探究活动。

3. 列出问题清单，引导幼儿围绕问题展开探究

在项目活动中，教师引导幼儿围绕关于"足球"的想法进行了细化和梳理，最终将幼儿的问题聚焦在足球队文化上。

4. 积极促进亲子调查，寻找问题解决方法

人力资源是推进项目活动有效开展的重要因素，在项目活动开展过程中，我们积极促进家长运用已有经验作为幼儿探究的陪伴者、困难的咨询者、问题的引导者、学习的支持者，和幼儿共同参与项目活动。

5. 推动幼儿自主学习，灵活创设记录表格

在项目活动中，教师依据幼儿在每个阶段的探究问题与需求，灵活地

为幼儿创设各类记录单，帮助幼儿及时对自己的想法进行记录，促进了幼儿自主思考能力与自主记录能力的提高，也促进了幼儿同伴间思想的碰撞与交流，促进了幼儿多元表征的发展。

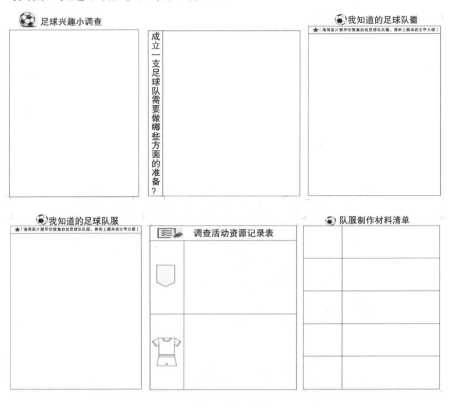

三、项目活动中的儿童——建立在有意探究基础上的深度学习挑战者

有意探究是指幼儿带着目的和任务开展探究活动，整个探究过程体现着幼儿的任务意识和聚焦问题、解决问题的能力。

（一）项目活动生成与选择阶段

幼儿围绕足球展开畅想，并把自己的想法用图画、符号、文字等形式表征在"足球兴趣小调查"记录单上，可以写自己知道的有关足球的事情，也可以是自己想要了解的问题。

（二）项目活动主题确定阶段

幼儿对事物的兴趣往往是宽泛的，如果一个活动的探究目标过大，会造成幼儿的探索不聚焦、能力生长点模糊不清，同伴间的探索愿望也容易发生冲突。因此，我们根据"足球兴趣小调查"上大多数幼儿的兴趣点再次进行细化记录，并通过投票的方式确定了项目活动探究主题。

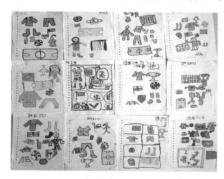

（三）项目活动探究阶段

幼儿围绕主题展开了一系列的调查、设计、制作工作，并在此过程中通过自主思考、交流分享及同伴间的讨论、合作实现了各项能力的提升，促进了良好科学素养的养成。在探究过程中他们关注资源的运用情况，自主或在成人的帮助下进行所需资源的开发，提升了资源开发与运用意识。

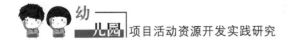
1. 足球队队徽、队服调查

2. 调查活动资源运用记录单

3. 队名设计记录单

4. 队徽设计记录单

5. 队服设计记录单

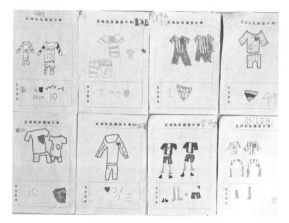

6. 制作材料记录单

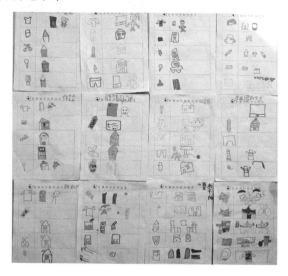

（四）项目活动评价阶段

多元的展示与评价是项目活动成果呈现的重要环节，也是幼儿感受成功的喜悦、收获成就感的重要平台。在班级内展评环节，有几位幼儿的球衣因高度还原设计图获得了大家的一致好评，这一结果也体现了孩子已具有任务意识。这几名幼儿还将球衣带上了六一庆典和毕业典礼的舞台，在园内进行了展示。

四、项目活动评估与分析——项目式学习的收获

<table>
<tr>
<td rowspan="1">项
目
活
动
课
程
故
事</td>
<td>

一、缘起

好奇心是人类的天性，对于幼儿来说，一旦面临新奇的、神秘的、有趣的事物，就会产生强烈的好奇心并引发探究行为。幼儿正是通过这些探究行为，有选择性地了解周围事物，积累生活经验。泡泡鱼班本学期的项目活动就起源于孩子们对足球产生了强烈的好奇心。

新学期开学后不久，基于幼儿园工作的安排，泡泡鱼班成了足球特色课程实验班。当我把这个消息告诉孩子们以后，突如其来的身份认同感让孩子们立刻兴奋起来。随着班级开展足球活动次数的增多，富有挑战性的足球技术、有趣新颖的足球游戏、帅气的足球教练，无一不激发着孩子们对于足球的强烈兴趣，幼儿之间关于"足球"的话题越来越多，于是我及时把握住幼儿的这一兴趣点，以"足球"为主题生成了本学期的班级项目活动。

二、问题

确定活动主题后，我请孩子们围绕足球展开畅想，并把自己的想法用图画、符号、文字等形式记录在纸上。可以写自己知道的有关足球的事情，也可以是自己想要了解的问题。记录之后，我带领幼儿在班级内进行了分享：

嘉嘉：男生和女生可以一起踢球吗？

小良：怎么成为球员？

弟弟：足球队有什么装备？

小雯：我们是什么队？

…………

通过孩子们对自己想法的讲述，我发现大部分孩子对足球的兴趣点集中在足球队上，这可能是因为足球队是足球运动最显像的文化元素吧。足球队是由一个个人组成的，孩子们在频繁接触足球后也萌发了成为足球队员的想法，想要成立一支泡泡鱼班足球队。孩子们提出了各种各样的问题，比如：世界上有哪些足球队？怎么才能成为足球队员？足球队员平时穿什么？用什么？等等。于是，我根据孩子们的问题，把项目活动聚焦在足球队上，和孩子们一起围绕足球队文化展开了一系列的探究。

三、调查

孩子们在家长的帮助下收集了许多球队信息，越来越多的球队名字从孩子们口中蹦出：中国队、巴西队、皇家马德里队、巴萨罗那队……他们知道了以国家命名的球队是国家队，以城市命名的球队是足球俱乐部队。同时，孩子们发现每一支足球队都有自己的队名、队徽和队服，这些对于球队是不可或缺的东西，我们泡泡鱼班想要成立足球队，首先需要解决这些问题。

调查是孩子们丰富自身经验的最好方法，我请孩子们带着任务展开调查活动，重点围绕足球队的队徽、队服展开信息收集，并请孩子们对自己在调查过程中借助的工具（即资源的运用）进行记录。调查成果分享会上，孩子们畅所欲言，他们不仅收集了世界上各种足球队的队徽和队服资料，对队徽、队服上的

</td>
</tr>
</table>

一些细节元素也有了清晰的认识：

嘉嘉：英格兰队徽上的狮子代表力量和勇气；

小良：巴西队徽上的五颗星代表巴西在世界杯舞台上的辉煌战绩；

梓涵：法国队徽上的雄鸡代表昂首挺胸永不言败；

羽萌：中国队徽上的红色和黄色是国旗上的颜色。

羽佳：各队队服都是短袖，上面都有队员的名字、号码、队徽等信息……

孩子们对于调查活动中借助的资源也有了一个大致的总结，大家发现每个人完成调查表所用的方法都差不多：图片的收集主要通过电脑、手机等信息化设备完成；调查表的制作则需要打印机、剪刀、胶棒等工具；而帮助我们的人分别是自己的家长和打印店的老板。有的孩子还提到了自己和家长去打印图片的过程中使用了汽车、电瓶车等交通工具。

四、内化与表达

在孩子们围绕探究内容实现经验的丰富、共享、交流、吸收后，项目活动的高潮部分即将到来，这也是孩子们个性化表达的重点环节。

（一）取名

为泡泡鱼班的足球队取一个响亮的名字是孩子们的当务之急，队名的征集以民主的方式进行。大家把自己对于队名的想法写在记录纸上，然后在集体面前讲述自己为球队起的名字并解释队名的含义：

乐乐：闪电队，表示我们跑得很快，别人追不上。

潼潼：珍珠队，因为我们是泡泡鱼班，我们生活在海里，珍珠表示很珍贵。

果果：糖果队，我们是一支很可爱的球队。

小不点儿：黄金队，表示我们很贵。

……

大家的想法各种各样，于是我们决定以民主投票的方式确定队名，"闪电队"以最多票数获选。

（二）设计

确定队名后，孩子们就开始了队徽的设计。通过对队徽的调查和了解，孩子们知道足球队队徽承载着球队精神，队徽所包含的细节元素是球队精神面貌的体现。大家在队徽的设计中从队徽的形状、颜色到细节展现了很多自己的美好愿景，除了闪电队标志性的闪电图案外，很多孩子还加入五角星、翅膀、爱心、钻石、盾牌等积极向上的元素，色彩的运用上也多以鲜艳、醒目、童趣为主。最终闪电队队徽的确定同样采用民主投票的方式产生，其中还有一个小插曲：硕硕设计的一个带有高科技感的队徽本来以高票数当选，但大家在学画的时候发现这个队徽太复杂太难画了，大部分孩子无法模仿，就连硕硕本人也无法再次画出一模一样的队徽，于是大家决定按票数顺延，果果设计的队徽以票数第二的成绩成功当选。这一过程也体现了孩子们民主意识和集体意识的提高，大家遇到问题共同商议解决，真正成为活动的主人。

队徽敲定后孩子们开始进行队服的设计，除队徽、球员名字和自选的球员号码这三个固定元素外，孩子们可以在球衣的颜色、花纹等方面自主创作。这一次我们面临着正规球衣制度和幼儿个性化表达两者之间的取舍，到底是按照正规足球队的要求全队穿着统一样式的球衣，还是尊重孩子的不同个性，最终我们选择了尊重孩子个性，因为每一件队服都凝聚着孩子们对闪电队的美好向往，也是球队精神的体现。

（三）制作

把队服变为现实的激动人心的时刻马上到来了。我们请孩子们对制作队服的材料展开猜想，大家根据生活经验对制作材料和工具进行选择和记录，不仅思考自己需要使用什么材料来将队服的设计实现，还要思考可以从哪里获得这些材料。完成记录后，孩子们开始自主进行材料的收集，根据实际情况寻求老师和家长的帮助，然后进行队服的制作。制作过程中也对之前设想的材料进行了验证，发现家长通过网络购买是获得空白 T 恤的最便捷方式，双面胶、胶棒等材料在制作队服时是不适宜的，而颜料、马克笔、排笔等材料能帮助我们很方便地进行队服上图案、文字的绘制和上色。孩子们和老师通过实践总结出了绘制队服的三大步骤：

1. 定稿：用铅笔在衣服上浅画出图案和色彩的分区；

2. 勾线：用马克笔在衣服上勾勒出图案线条，写上名字和球衣号码；

3. 上色：用排笔和丙烯颜料完成涂色。

在上色的过程中，孩子们也进行了水粉和丙烯两种颜料的比较，发现水粉遇水很容易掉色，丙烯则比较持久，于是我们选择使用丙烯颜料上色。

五、展示与评价

多元的展示与评价是项目活动成果呈现的重要环节，也是幼儿感受成功的喜悦、收获成就感的重要平台。我们首先在班级内进行展评。每个人的球衣都制作得很漂亮，其中有几位小朋友的球衣获得了大家的一致好评，理由是他们制作的球衣高度还原了设计图。这也是我们制作球衣时提的要求，这一结果也体现了孩子们有任务意识，能客观地对同伴的作品进行评价。其次，我们还穿着球衣登上了幼儿园六一儿童节活动庆典和毕业典礼的舞台，孩子们的作品在全幼儿园范围内进行了展示。孩子们穿着自己制作的球衣特别骄傲，班级家长也对孩子们完全自主化的设计制作表示赞赏和欣慰。

| 儿童发展 | 1. 丰富了关于足球文化的相关知识和经验，培养了对足球运动的喜爱之情。
2. 能带着任务进行调查活动，知道展开调查的方法和需要使用的资源，资源开发能力得到提升。
3. 能用符号、图画、文字等将自己的想法通过记录表现出来，提升了记录能力和多元表征能力。
4. 能有目的地进行设计，在设计中能进行个性化创意与审美的表达，设计能力得到提升。
4. 能对自己周围的资源进行筛选和使用，能运用资源帮助自己解决问题、完成任务，任务意识得到提升。 |

续表

5. 能遵守民主投票的规则，知道投票的意义，集体意识得到提升。

6. 有科学的探索精神，能专注于活动的进行，形成了良好的自主学习品质。

7. 在与同伴的交流中能听取他人意见，能针对他人想法进行思考并提出自己的疑问。

8. 能与同伴、教师、家长在探索活动的各个阶段按需进行合作，具备一定的合作意识与合作能力。

9. 能不断试错、反思，梳理获得的经验并将其运用到活动中，促进了核心素养的提高。

项目活动名称：泡泡大探秘

项目实施班级：壮壮牛（小班）

项目开展周期：四周

项目记录人：田雪丽

一、项目活动介绍篇

（一）项目活动来源

在每天的盥洗环节，部分小朋友洗手总是要用很长的时间，我在观察几次后发现，小朋友特别喜欢玩洗手液搓泡泡。我想：他们到底是喜欢玩水还是喜欢玩泡泡呢？于是利用晨间活动，我向幼儿抛出了问题："小朋友们，你们用洗手液洗手的时候为什么会洗这么久呢？"孩子们异口同声地回答："喜欢泡泡。"

《指南》指出，幼儿科学学习的核心是激发探究兴趣，体验探究过程，发展初步的探究能力。孩子是大自然的主人，是科学的爱好者，孩子们周围的事物与生活中发生的奇妙现象都蕴含着深刻的科学道理，是孩子们谈论的永恒话题。当孩子有探究兴趣时，教师作为幼儿活动的支持者，应尊重幼儿，并尽量提供条件，放手让幼儿自主探索、体验，解决问题，探索泡泡与周围事物的奥秘。

因此，我们基于幼儿生活中的小发现，基于幼儿绘本，基于小班幼儿的兴趣需求和年龄特点，决定和孩子们一起走进泡泡的世界，探究泡泡的奥秘，开启了泡泡之旅。

（二）项目活动准备

1. 经验准备

（1）阅读绘本《肥皂泡泡》

绘本《肥皂泡泡》以小动物们洗澡为线索讲述了一个有趣的故事。"洗澡"这一活动深受幼儿的喜欢。肥皂是孩子们在日常生活中经常接触的生活用品，孩子们对肥皂产生的泡泡很感兴趣，他们喜欢拿着细细的吸管，蘸着肥皂水吹出大大小小、形态各异的泡泡，追逐着泡泡尽情地玩耍。

（2）生活中有吹泡泡的经验

无论何时，只要给孩子们提供一瓶泡泡水，他们就会兴奋得哇哇大叫，开始欢天喜地地吹泡泡，他们已积累了一定的吹泡泡的经验。

2. 材料准备

（1）孩子们自主准备的各种吹泡器（手动、自动）。见下图：

（2）班级中可以用来吹泡泡的各种工具（封闭起来有洞的各种玩具）。

见下图：

（3）班级中已有的可以制作泡泡水的工具（如洗手液、肥皂、洗洁精

等）。见下图：

3. 环境准备

（1）区域环境的创设和区域材料的提供。

（2）用来展示幼儿制作成果的墙面。

二、项目活动探究记录

活动名称		图片	文字说明
第一阶段：项目主题生成与选择	项目生成		在盥洗环节，部分小朋友洗手总是要用很长的时间，我在观察几次后发现，小朋友特别喜欢玩洗手液搓泡泡。我想：他们到底是喜欢玩水还是喜欢玩泡泡呢？于是利用晨间活动我向幼儿抛出了问题："小朋友们，你们用洗手液洗手的时候为什么会洗这么久呢？"孩子们异口同声地回答："喜欢泡泡。"

	项目 选择		孩子是大自然的主人，是科学的爱好者，孩子们周围的事物与生活中发生的奇妙现象都蕴含着深刻的科学道理，是孩子们谈论的永恒话题。当孩子有探究兴趣时，教师作为幼儿活动的支持者，应尊重幼儿，并尽量提供条件，放手让幼儿自主探索、体验，解决问题，探索泡泡与周围事物的奥秘。
第二阶段：项目主题筛选与确定	生活中有吹泡泡的经验		无论何时，只要给他们提供一瓶泡泡水，他们就会兴奋得哇哇大叫，开始欢天喜地地吹泡泡，他们已积累了一定的吹泡泡的经验。

续表

关于泡泡,你知道什么		小哲:洗衣服的时候泡泡会出现。 睿睿:我洗手的时候会出泡泡,好多好多。 扬扬:我的鼻子还有嘴巴可以变出泡泡。 籽煜:我那天在玩区角游戏的自然角中发现小鱼在吐泡泡。 婉漪:妈妈给我买的自行车上有泡泡。 果果:我洗澡的时候妈妈给我涂沐浴液也会有泡泡的! 爽爽:我看到过奶奶洗衣服时的泡泡。 豆豆:爸爸告诉我说螃蟹也会吐泡泡哦! 苹果:我去旅游的时候,妈妈给我买的泡泡水能吹出泡泡,泡泡还能飞上天呢,可好玩了! 洋洋说:我家也有泡泡机,可是里面的泡泡水用完了,我要去放点肥皂水,那样就又能吹出泡泡了。 艾嘉:我家有两个吹泡器,但是不一样,我奶奶给我买的那个需要自己吹,另一个是我妈妈给我买的,可以自己出来泡泡。	
关于泡泡,你想知道什么	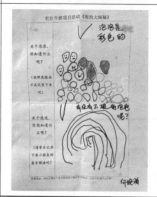	艾嘉:妈妈和奶奶给我买的吹泡器有什么不一样呢? 果果:哪些工具可以变成吹泡泡的工具? 安然:我们可以自己制作吹泡泡的工具吗? 彤彤:不一样形状的吹泡器可以吹出不同的泡泡吗? 依依:泡泡是什么颜色的? 然然:怎么做泡泡水呢?	

第三阶段：活动操作与探索	探索不同的吹泡器		孩子们把家中的吹泡器带到了幼儿园。大部分孩子带来的都是自动吹泡器，只有几个孩子带来的是手动吹泡器。那天，雨航带来了超级飞侠自动吹泡器，可是，玩了一会儿，他就和蓝蓝的手动吹泡器进行了交换。这是为什么呢？ 老师：雨航，你更喜欢手动的吹泡器吗？ 雨航：嗯，这个可以吹出大泡泡，那个"照相机"只能吹出小泡泡。 于是，活动结束后，我和孩子们就自动吹泡器和手动吹泡器开展了讨论，引导他们根据观察发现不同吹泡器的优缺点。
	探索什么工具能吹出泡泡	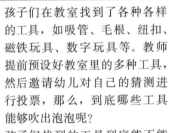 	孩子们在教室找到了各种各样的工具，如吸管、毛根、纽扣、磁铁玩具、数字玩具等。教师提前预设好教室里的多种工具，然后邀请幼儿对自己的猜测进行投票，那么，到底哪些工具能够吹出泡泡呢？ 孩子们找到的工具到底能不能吹出泡泡呢？我们展开了实践，孩子们用自己找到的工具一一进行了吹泡泡实验，下面我们看看他们到底能不能吹出泡泡。现在睿睿小朋友遇到了麻烦，他选择的编号"3"的玩具吹不出泡泡，这是为什么呢？小朋友们仔细观察能够吹出泡泡的玩具后发现，原来啊，编号"3"的玩具不是封闭起来的图形，有缺口的工具是没有办法吹出泡泡的。于是我引导他们：

续表

"有没有什么办法可以让睿睿用这个玩具吹出泡泡来呢?"幼儿进行了激烈的讨论,依依突然说:我们用毛根把它封起来试一试吧!哇,真的吹出泡泡啦!

探索不同的吹泡泡工具

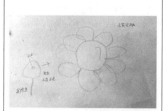

孩子们自己设计了吹泡工具,并且提议来一场"毛根制作大赛",看看谁制作出的吹泡器最漂亮。于是,有了蝴蝶结、小熊、蜻蜓、蜗牛、剪刀等各种各样的吹泡器。

看着自己和同伴手中不同形状的吹泡器,孩子们又展开了讨论。潼潼说:我们可以吹出好多不同形状的泡泡啦!孩子们觉得不同形状的吹泡器能够吹出不一样的泡泡,他们的推测到底准不准确呢?我们展开了实践。孩子们经过尝试发现,无论什么形状的吹泡器吹出来的泡泡都是圆形的。

看着幼儿一直用毛根制作吹泡器,我又引导他们:"小朋友们,除了用毛根可以制作泡泡工具,还可以用什么制作泡泡工具呢?"

孩子们讨论后认为,瓶子、QQ泥可以制作泡泡工具,并在区域游戏中开始了制作。在接下来利用自己制作的吹泡器吹泡泡环节,芄芄跑来告诉我:"老师,我发现我做的毛根吹泡器吹出的泡泡不容易破,用QQ泥做的泡泡不容易吹出来,还容易破。"于是,一回到教室我就和孩子们进行了讨论。孩子们

发现毛根摸起来和 QQ 泥不一样，QQ 泥摸起来滑滑的。于是，我引导幼儿通过查阅资料，初步了解了其中蕴含的科学原理：摸起来感觉有"锯齿"的吹泡器可以增大与泡泡水接触的面积，还可以增大摩擦，留住更多的泡泡水，不至于刚吹一下，泡泡就和水一起滑落了。那么，怎样改良我们的 QQ 泥吹泡器呢？孩子们经过讨论想到了用工具在制作好的 QQ 泥吹泡器刻锯齿的办法，那么，一起试一试吧！

| 探索怎么制作泡泡水 |  | 因为连续吹了几天的泡泡，班级里的泡泡水告急。没有泡泡水了，该怎么办呀？孩子们提议我们可以自己做泡泡水，那么，制作泡泡水需要用到哪些材料呢？
诗琪：用肥皂、洗手液制作吧！
果果：可以用洗洁精，妈妈洗碗的时候，一用洗洁精就有泡泡。
芃芃：洗衣服的洗衣液也会出泡泡。
于是，我们就地取材，使用教室里现有的材料进行了实验。到底哪些材料能做成吹泡水呢？经过尝试，我们发现，单独用一种材料（洗洁精、洗手液、洗衣粉）加水，可以吹出泡泡来，三种材料混合也可以吹出泡泡来，而且吹出来的泡泡更大、更多。
在初步尝试后，孩子们对自制泡泡水产生了极大的兴趣，纷纷 |

			表示想自制泡泡水。于是我们在家长群里布置了一个亲子小任务。家长们积极响应，第二天，孩子们都带来了家中制作的各式各样的泡泡水。家长们都非常用心，将材料都标注在了吹泡泡瓶子上。活动开始后，我请孩子们上台演示，结果让我们很惊喜：籽煜和小哲带来的吹泡水可以吹出最多最大的泡泡来。他们的配方很特别，里面加入了白砂糖和甘油。原来前一天晚上，他们和爸爸妈妈一起在网上查了资料，根据最佳泡泡水的配比放入了白砂糖和甘油。
	探索泡泡颜色		咦，这杯绿色的泡泡水会吹出绿色的泡泡吗？籽煜带来的绿色泡泡水引发了孩子们关于泡泡颜色的探究。于是，我和孩子们在教室搜寻颜料，将调配好的泡泡水里加入不同的颜色，如一粉色泡泡水、一瓶蓝色泡泡水。到底能吹出什么颜色的泡泡呢？接下来就交给小朋友自己来实践、探索、发现吧！经过实践，我们发现不管泡泡水里加入什么颜色，吹出来的泡泡都是透明的。（根据前期吹泡经验，小朋友们知道在阳光下吹泡泡时，泡泡是彩色的）

第四阶段：活动分析与评价	玩转泡泡		老师：小朋友们和爸爸妈妈制作出的泡泡水太棒啦，我们一起用自己做的工具和泡泡水去阳光下吹泡泡吧！
	泡泡T台		在一次区角游戏活动中，表演区的小朋友提议想办一场泡泡派对，于是小朋友们穿着表演区服装在户外开展了泡泡T台活动。
	泡泡画		快快：老师，泡泡飞走了，可是，我想留住泡泡呢！ 雨航：泡泡太美了，好想把它留下来。 老师：怎样才能让泡泡留下来呀？ 其实，每次到户外去吹泡泡，孩子们都会发出这样的呼声。那么，我们就把美丽的泡泡留在纸上吧！看孩子们制作泡泡画（这些是孩子们用吸管吹出来的）多美啊！ 在作品点评欣赏环节，孩子们发现这些泡泡变成了不同的动物，形成了各种各样的画面，我便顺应孩子的兴趣点，再次进行了泡泡再生画（泡泡添画）活动。

三、项目活动资源开发之教师教育策略篇

（一）项目主题生发与选择——利用观察记录表

项目活动观察记录表

<table>
<tr><td colspan="6" align="center">壮壮牛班项目活动"泡泡大探秘"观察记录表
（项目主题生成与选择阶段——观察幼儿兴趣点）</td></tr>
<tr><td>观察时间</td><td>观察地点</td><td>观察对象</td><td colspan="2">观察形式</td><td>记录人</td></tr>
<tr><td>2022.05.10</td><td>活动室</td><td>林宇昂、吴雨潼
曹子怡</td><td colspan="2">□个体、☑小组、□集体</td><td>邓晓蓉、田雪丽</td></tr>
<tr><td>幼儿行为
观察</td><td colspan="5">在洗手环节，宇昂一直待在洗手池前，手上不停地分开拢拢，我走近一看，他将手不停开合，用食指拇指围成了圈，将洗手液的泡泡拉出了一层薄薄的泡泡膜。接着他轻轻地双手合十，又小心翼翼地打开，看着食指与拇指间的泡泡薄膜，生怕它破了。可是，当两个食指不再挨着的时候，泡泡膜还是破了。他又继续双手合十，再小心翼翼地打开，依次分开小指、无名指和中指，食指和拇指中间就又形成了一层薄薄的泡泡膜。随着他缓慢的动作，泡泡膜也在微微颤动。他静静地注视着泡泡膜，泡泡膜又破了。几次之后，泡泡膜的面积随着他缓慢的、小心的、一次次的尝试，正不断扩大着。他似乎找到了泡泡膜不破并变大的小秘诀。只见他将手移近脸部，轻轻用嘴巴吹气，眼睛微微垂下，紧张地看着薄膜。在气的作用下，薄膜鼓出了一个包，他的眼睛微微瞪大，轻轻吹着气。1秒钟后，泡泡膜又破了，溅下几个小小的水珠。他不断重复着这个他自己发现的游戏，有的时候拉出来的泡泡膜小，有的时候拉出来的泡泡膜大。他乐此不疲地重复着。</td></tr>
<tr><td>幼儿行为
解读</td><td colspan="5">从宇昂在游戏中专注的表情、眼神中我看到，他手上泡泡的"变化"深深吸引着他，他想更加仔细地去观察怎样变出泡泡膜，找出泡泡膜不破的方法，更期待将这个泡泡膜吹出一个大大的泡泡。
他的游戏让我惊喜，也让我想走进他的游戏中。而他在发现我后，主动拉着我走进他的游戏，也让我很感动。我和他一起尝试，他像一个老师一样，亲自指导我，并且将做泡泡膜的经验总结出来分享给我，让我很快学会了这个游戏。</td></tr>
</table>

续表

教师分析与总结	生活中的每个环节都有它的教育价值，我们应追随孩子的兴趣，和孩子一起探究。我想，在后续的活动中，我们可以和孩子们一起分享这一经验，引起其他孩子玩泡泡游戏的兴趣，也帮助宇昂树立自信心，肯定他的探究精神。我们也可以将活动延伸至科学区，引导幼儿探索怎么制作泡泡器、泡泡水，怎样能够吹出更多的泡泡等。我们将追随孩子的兴趣，陪伴他们探究、游戏。

（二）主题筛选与确定——利用思维导图表、问题清单

温江区实验幼儿园项目活动预设网络图

名称	项目活动思维导图
图示	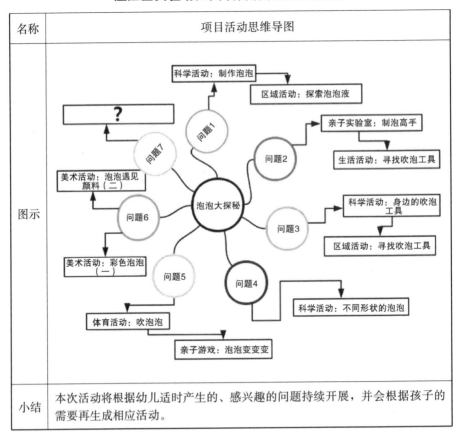
小结	本次活动将根据幼儿适时产生的、感兴趣的问题持续开展，并会根据孩子的需要再生成相应活动。

问题清单表

1. 生活中有哪些东西有泡泡呢？
2. 周围的事物中还有哪些可以吹出泡泡呢？
3. 不同形状的泡泡工具可以吹出不同形状的泡泡吗？
4. 哪些材料可以制作出泡泡水呢？多少比例最合适？
5. 为什么阳光下泡泡的颜色不一样呢？红色的泡泡水可以吹出红色的泡泡吗？
6. 我们可以变成泡泡吗？

（三）操作与探索阶段——利用交流支持表、调查表、资源表

项目活动师幼交流支持表

（教师以参与者、引导者的身份与幼儿对话交流，支持幼儿探索）

温江区实验幼儿园壮壮牛班项目活动师幼交流记录表			
交流时间	交流地点	交流对象	交流方式
2022.05.11	户外欢乐谷	蔡韵喧、蒋雨航	☑同伴式交流 □引导式交流
	交流对话内容		
	泡泡水制作好了，孩子们到户外去尝试用自己的泡泡水吹泡泡。只听航航大声地说，我的泡泡水吹出泡泡了。子依却说：我的吹不出来。于是，关于制作泡泡水的讨论开始了！ 萱萱：为什么我们用洗衣液加水做的泡泡水吹不出泡泡呢？ 老师：去问问成功的孩子们，看看他们是怎么做泡泡水的。 右右：我们挤了很多很多的洗洁精！ 老师：挤了很多很多洗洁精，加了多少水呢？ 珠宝：加了一点点水。 右右：我们半杯水都没有倒完。 弋桶：我们把一杯水都倒完了，我们把水倒掉一点吧！ 柚子：我们再加点洗衣液试试看吧！			

153

教师分析与反思	吹泡泡来自孩子们生活中熟悉的、好玩的游戏。他们可以与环境互动，与材料互动，尽情地玩耍、游戏。教师引导孩子们在做中玩、玩中思、思中学，能够激发他们的探索热情，使他们从小就善于观察和发现，学会用多种感官、多种方式进行探索。

项目活动《泡泡大探秘》调查表

关于泡泡，你知道什么？ （拍照或以绘画方式记录）	
关于泡泡，你想知道什么？ （请家长记录小朋友的童言稚语）	

温馨提示：请家长朋友们尽力拓宽孩子的思维，引导他们脑洞大开，想出更多的问题。

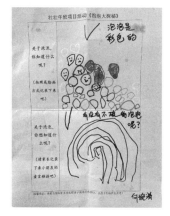 

泡泡工具大探秘

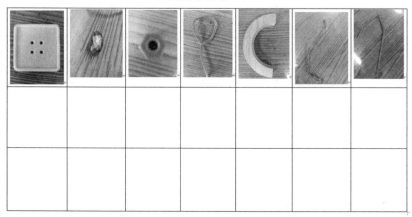

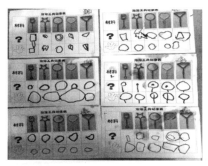 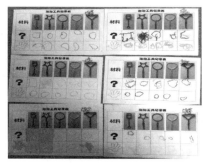

泡泡水调查表

什么东西可以制作出泡泡水呢？

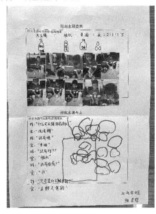

项目活动信息资源表

温江区实验幼儿园项目活动信息资源表			
		图片	文字说明
信息资源	影像	03 正方体泡泡	引导幼儿观看用泡泡进行的科学小实验，拓宽幼儿的知识面，提升幼儿对科学探索的兴趣。
	音频	吹泡泡童谣	播放吹泡泡的音乐，激发幼儿对玩转泡泡的兴趣，同时给幼儿提供一种新的游戏形式，幼儿乐此不疲。
	课件	哪些工具可以吹出泡泡呢？	通过制作的课件向幼儿展示不同物品，并引导幼儿一一进行尝试探索。

续表

信息资源	其他（微信、QQ）	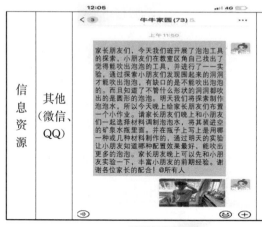	幼儿在亲子制作过程中，和父母一起查阅资料，获得了更多的资源，也拓宽了思维。充分调动家长资源，让家长了解项目活动的进程，可以获得更多、更合适的资源。

四、项目活动评价与分析篇

<table>
<tr><td colspan="4" align="center">班级项目活动资源（环境）支持表</td></tr>
<tr><td colspan="2">项目名称：泡泡大探秘</td><td>班级：壮壮牛</td><td>时间：2022.04—2022.06</td></tr>
<tr><td colspan="4" align="center">项目活动室内外空间布局图</td></tr>
<tr><td rowspan="2">室内</td><td colspan="3">室内布局图：

在本次项目活动中，教师充分利用班级环境布局及区角材料，营造了良好的班级泡泡活动氛围。利用科探区、美工区、益智区和建构区的材料，孩子们积极主动地探索可以吹出泡泡的工具，还利用小舞台进行了泡泡秀的活动，在娃娃家孩子们也将吹泡泡的故事进行了演绎。我们还在图书区投放了关于泡泡的绘本，供孩子们阅读。</td></tr>
</table>

室外布局图：

图 1

图 2

室外

图 3

图 1 为幼儿进行泡泡 T 台表演的场地。孩子们穿上漂亮的衣服在泡泡秀舞台上进行展示，进一步激发了他们的制作欲望。

图 2 为幼儿园为孩子们提供的宽阔的场地，可供小朋友们玩转泡泡。

图 3 为幼儿园为孩子们提供的水源，在这里孩子们可以自由兑制泡泡水。在孩子们玩转泡泡之后，这里还是他们洗手的地方。

项目活动班级支持性环境（区角、墙面）			
图片	文字说明	图片	文字说明
	美工区的纽扣，可以成为孩子们吹泡泡的工具。		建构区的搭建材料，也成为孩子们探索泡泡器的工具。
	益智区的纽扣，也可以成为孩子们吹泡泡的工具。		孩子们运用在美工区投放的大量毛根创造出不同的毛根吹泡器。
	孩子们运用美工区的QQ泥创造出了不同造型的QQ泥吹泡工具。		美工区的吸管也成为孩子们吹泡泡的工具。
	创设项目活动墙面，记录孩子们的活动足迹。		墙面上呈现着孩子们制作的泡泡工具和泡泡画。

五、项目活动幼儿运用资源探究发展途径篇

在本次项目活动中，我们一直尝试从孩子的行为或者语言中找出可以探究的问题，用"验证式"活动引导幼儿持续探究。可能会有刻板观点认为小班孩子年龄小、经验少，开展项目活动比较困难，但是本次活动让我们看到，只要我们善于抓住孩子感兴趣的事物，孩子们的表达能力和自主操作、解决问题的能力是不容小觑的。孩子们在找泡泡、制作泡泡、猜泡泡、绘泡泡的活动中，通过观察、猜想、操作、实验等多种方法，发现问

题，分析问题，解决问题，体验探究问题的过程，并不断积累经验，逐步培养探究精神，丰富生活经验，取得了可喜的进步。在活动过程中，老师一直以观察者、倾听者、支持者的身份参与，让孩子们自发、自主去探索。孩子们的兴趣需求更多来自生活中的小发现、小意外、小惊喜和小乐趣，而我们要做的就是学会静静地观察。我们深知，只有尊重孩子，追随孩子的脚步，才能做孩子最有力的支持者与陪伴者。

本次项目活动让我们明白，项目活动主题的选择应以儿童兴趣为主，但同时需要考虑主题价值、儿童发展需求等。项目活动强调儿童兴趣的目的是激发儿童的探索与创造精神，找到他们兴趣的真正生长点，而这种生长点需要与课程内容适切衔接，所以项目活动的设计应是清晰并有其目标的。首先，明确一个项目可以培养幼儿哪些核心素养，是否符合《指南》中对幼儿各领域发展的目标；其次，一个完整的项目需要有产品或项目成果，因此项目化学习应以儿童对驱动问题的探究兴趣为主动力，并对项目的最终结果做出规划。

> **项目活动名称：神奇的桥**
> **项目实施班级：跳跳龙（中班）**
> **项目开展周期：四周**
> **项目记录人：胡佳丽**

一、项目活动介绍篇

（一）项目活动来源

跳跳龙班的小朋友在上中班以后，对于建构区产生了很大的兴趣，每一次区角活动，建构区都是人气最旺的区角。在一次区角活动中，孩子们准备搭建一座通往公园的大桥，可是他们发现，只要一放上两三辆模型车，桥就会垮掉，很不坚固。面对这个问题，孩子们感到很疑惑：为什么生活中看到的桥很坚固，自己的桥却很容易垮掉呢？有没有什么办法可以搭建出坚固的桥呢？面对孩子们的疑问，我们决定抓住这一教育契机，开展以"神奇的桥"为主题的项目活动。

（二）项目活动准备

经验准备：

1. 利用家长资源，开展亲子参观我们身边的桥的活动，让幼儿了解桥的结构及特征。

2. 引导幼儿形成一定的建构经验。

3. 项目开展前期，班集体开展关于"桥梁"的话题讨论。

材料准备：

1. 物质准备：

（1）建构区的搭建积木。

（2）各类桥梁的图片及图书。

（3）各区角投放的拼接及搭建材料。

（4）生活中的废旧材料。

2. 多媒体资源准备：

（1）有关桥梁的图片及视频。

（2）"神奇的桥"教学活动中所投放的音频。

环境准备：

（1）创设各区角空间环境。

（2）创设项目活动墙环境。

（3）做好户外大区域"创意建构区"及"树屋"的环境利用工作。

（三）项目活动探究记录

	活动名称	图片	文字说明
第一阶段：项目主题生成与选择	集体探究：我们的讨论		我们根据幼儿感兴趣的几个点进行了集体讨论、归纳，并集体筛选出几种类型的桥，然后将筛选内容进行了整理。

	小组探究：项目主题的选择		孩子们对初期的项目主题筛选进行投票表决，各组在商量和讨论后分小组进行投票，选择大家最感兴趣的项目主题。
第二阶段：项目主题筛选与确定			投票之后，我们将最终的结果进行了筛选确定，大家一起统计了投票数量，然后确定了本次项目活动的主题。
			通过投票选择，我们最终将"神奇的桥"确定为本次项目活动主题。在项目主题确定后，为了解幼儿对桥梁知识的掌握情况，我们制作了情况调查表。其中有对桥梁的初步认识，桥梁的材料、基本结构，当地有名的桥等内容。 调查表能帮助幼儿了解本次项目活动的探索点，也帮助我们了解幼儿和家长对本次活动的兴趣点。
第三阶段：活动操作与探索	亲子探究：参观桥梁		项目活动的开展离不开家长的配合，为了让幼儿更快地了解身边不同的桥，掌握更多关于桥梁的知识，我们请家长带领孩子进行了一次周末参观身边的桥之旅，并鼓励家长充分利用本土资源，尽量参观了解温江的各类桥梁，感受来自身边的桥梁故事，了解桥梁的作用及桥梁的重要性，使幼儿萌生探索桥梁设计及搭建的兴趣。

续表

	集体 探究： 身边的 桥梁		家长带领孩子参观桥梁，收获了很多关于桥梁的信息。通过同伴间的分享，孩子们对桥梁有了更多的了解，也对桥梁有了更进一步的认识。在此过程中，孩子不仅在语言表达能力上有了进一步的提升，而且巩固了已有经验。
	小组 探究： 牙签 小桥		在水果餐时间，我们为幼儿提供了牙签等工具，让幼儿使用牙签和吃剩下的香蕉皮，搭建一座牙签小桥。幼儿在自己的探索中发现，把牙签密集地插进香蕉皮中，"桥"才能够稳定站立。 在孩子们对于桥梁的搭建越来越感兴趣时，我们趁热打铁，希望孩子们通过自己的学习和实践掌握桥梁的结构和搭建方法。我们将幼儿分为 5 个小组，给孩子们提供最简单的积木玩具，让孩子们以小组为单位用积木在最短的时间内搭建一座简单的可以承重的桥。很快，孩子们合理分工，合作搭建出了简单的桥。
	小组 创作： 我设计 的桥		孩子们根据自己的经验以及活动中对各类桥梁的认识与了解，进行了"我喜欢的桥梁"的设计活动。他们运用自己已有的经验、想象，设计出了各种各样漂亮且造型别致的桥梁图，他们还根据自己心目中的桥梁以及自己的想象进行装饰与颜色搭配，与同伴分享了自己的设计。此活动不仅发展了孩子的动手能力、想象力，还培养了孩子的语言表达能力，使他们体验到成功感与自豪感。

小组活动：桥梁搭建		在区角，孩子们根据自己的设计以及项目墙上各类桥的图片，利用建构区材料分组进行搭建。在一次次探索、一次次试验、一次次合作之后，美丽稳固的桥梁终于搭建成功。在活动分享环节，孩子们还分组介绍了自己搭建的桥梁的名称以及特点，还以投票的方式选出了最好的作品。 孩子们从活动中学到了如何利用已有经验充分利用材料进行探索，通过不断尝试，发展了动手能力以及想象力。
集体讨论		我们充分利用家长资源，开展了亲子制作活动，让幼儿与父母共同设计桥梁，利用日常生活中的废旧材料进行创意桥梁制作，并介绍所制作的桥梁名称以及特点，然后由孩子们带到班上与同伴分享，并在活动后进行投票，评选出最佳亲子设计奖。这一活动在培养亲子感情的同时也锻炼了孩子们的语言表达能力，提升了他们的自信心和自豪感。
集体探究：亲子桥梁制作比赛		在班级制作出各种各样的桥梁模型以后，孩子进行了讨论和观赏。大家想知道哪一座模型最受欢迎，怎样投票最科学公平。于是，在老师的引导下，幼儿手持三个玩具，为自己心中喜爱的作品投出了神圣的一票，选出了班级最受欢迎的模型。

续表

	小组 活动： 我来搭 建桥		我们充分利用幼儿园户外大区域材料及场地开展活动。我们将孩子们的搭桥经验延伸到日常教学活动中，引导孩子们利用所学经验以及技能解决自己遇到的困难，从而培养他们的自信心及成就感。我们还有效利用孩子建构的桥进行趣味教学活动，发展幼儿的平衡能力。
第四阶段： 活动分析 与评价	我是桥 梁设计 师		开展"我是桥梁设计师"活动，引导幼儿根据自己的想象和前期经验，进行桥梁设计，以图画形式将自己设计的桥梁表征出来。
	桥梁 成果展		幼儿根据自己的设计，进行桥梁制作，并在班级分享展示成果，然后分小组进行了投票。

二、教师教育策略篇及幼儿操作路径篇

（一）项目主题生发与选择——利用观察记录表

跳跳龙班项目活动《神奇的桥》观察记录表 （项目主题生成与选择阶段——观察幼儿兴趣点）				
观察时间	观察地点	观察对象	观察形式	记录人
2021.10.11	班级建构区	珂珂、萌萌	□个体、☑小组、□集体	胡佳丽

续表

幼儿行为观察	升入中班以后，幼儿对于建构区的积木产生了浓厚的兴趣。在一次区角游戏中，珂珂和萌萌一起搭建"立交桥"，但是，他们刚放上去几辆车桥就垮了。"为什么我们的桥会垮呢?""我想要我的桥变得坚固一点。"这时，我慢慢走进他们的区域，问:"孩子们，你们今天遇到什么困难了吗?"萌萌赶紧跑过来告诉我:"老师，我们想用积木搭建一座立交桥，可是它总是垮掉，你来帮帮我们吧。" 看到不少幼儿都有类似疑惑，我将这个话题带到了班级，请大家一起帮忙想办法。
幼儿行为解读	两位小朋友在建构过程中产生了一些问题，他们在自己反复搭建和讨论之后，还是有许多疑惑，他们想搭建稳固的桥梁，可是因为他们的能力水平有限，所以需要老师的指导。
教师分析与总结	幼儿的探索和发展离不开教师的合理引导。教师应针对幼儿的兴趣点及时抓住其"最近发展区"，通过与幼儿的交流有效抓住有价值的问题，引导幼儿进行集体探讨与交流，生成班级项目活动，从而帮助幼儿解决问题，提升能力。

（二）主题筛选与确定——利用思维导图表

温江区实验幼儿园项目活动预设网络图	
名称	项目活动思维导图
图示	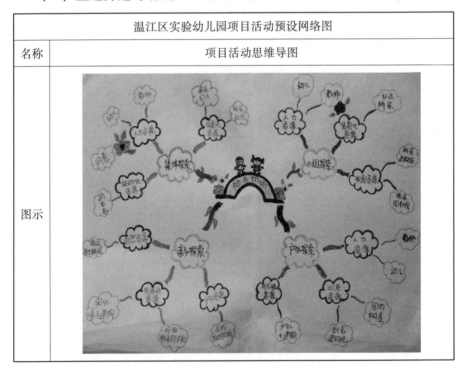

续表

小结	根据孩子们对桥梁探究的初步信息，我们预设了一份教师预期的项目活动网络图，通过网络图，可以将班级的项目活动进行前预设，也可以通过收集各种资源支持班级项目活动的开展。

筛选主题表

（三）操作与探索阶段——利用交流支持表、调查表

项目活动师幼交流支持表

（教师以参与者、引导者的角色与幼儿进行对话交流，支持幼儿的探索）

温江区实验幼儿园跳跳龙班项目活动师幼交流记录表			
交流时间	交流地点	交流对象	交流方式
2021.11	跳跳龙班建构区	许圣玺（牛牛）	□同伴式交流 ☑引导式交流
交流图片	交流对话内容		
	牛牛：老师，你知道我搭的桥藏在哪里吗？ 教师：这个弯弯的拱桥是不是你搭的桥呀！ 牛牛：是的，可是我遇到麻烦了。 教师：遇到什么困难了呢？ 牛牛：我的桥搭好了，可是我搭的桥不能过小汽车。 教师：这样呀，那你回想一下：我们身边的桥，还有我们在视频里见过的桥是什么样的呢？		

续表

	牛牛：我见过公园里的桥，路面很宽。 教师：那你搭的桥和你见过的桥哪里不同？ 牛牛：老师，我知道啦！我用一个宽宽的积木来搭，车肯定就能过啦。 教师：发现问题啦？那就试试看，看能不能解决掉你的困难。 （重新选材料搭建后） 牛牛：老师老师，你快看，我的小车能过去啦，太好玩儿了，我成功啦！ 教师：哇，牛牛自己想办法解决了问题，真棒！你还可以尝试再搭建一些不同的桥梁哦！ 牛牛：好的，我一定会成功的！
教师分析与反思	区角游戏时间，牛牛在建构区建构桥梁，我悄悄在旁边观察了好一阵。我看到牛牛将小汽车在他搭建好的桥梁上摆弄了很久，但我没有直接去打扰他，而是默默地在旁边观察，等到他的确需要我的帮助时，我才及时给予引导。在介入的时候，我并没有直接告诉他方法，而是引导他自己思考，想出解决办法。在思考与探索后，牛牛成功地解决了自己遇到的困难，增强了自信心，也获得了成就感。 教师作为幼儿探究活动的引导者，应注意介入的时间，应根据幼儿的情况适当介入，及时引导幼儿自己探索与实践，激发幼儿的探究能力及自我解决问题的能力，避免直接告诉幼儿答案，致使幼儿在自我探究及解决问题方面缺乏锻炼与发展。

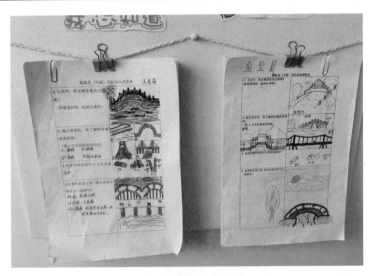

项目活动调查表

三、活动评价与分析篇

温江区实验幼儿园跳跳龙班幼儿项目活动探究过程记录及反思				
	活动图片	教师评价分析儿童的发展	活动图片	教师评价分析儿童的发展
项目活动探究前的精彩瞬间	建构区内，幼儿在商量如何搭建一座坚固的桥。	幼儿通过自己的实践与思考，发现问题，提出问题，有利于发展其观察能力与动手能力。	项目活动开始前，两名幼儿使用小木头人进行搭建，还对桥梁搭建展开了讨论。	幼儿在与同伴讨论的过程中，锻炼了语言表达能力，对于桥梁搭建技巧也有了一定的认识。
	活动图片	教师评价分析儿童的发展	活动图片	教师评价分析儿童的发展
项目活动探究中的精彩瞬间	项目开始初期，幼儿与家长一起参与"神奇的桥"的调查活动。	幼儿通过与家长共同完成调查问卷，对项目活动有了初步的了解，并且对调查问卷有了初步的认识。锻炼了逻辑思维和主动思考的能力。	在班级讨论后，幼儿和家长在周末一起寻找身边的桥。	幼儿和家长通过实地参观，共同学习，对于桥梁的认识有了进一步的提高，对家乡也产生了更多认同和热爱之情。
	在小组探究中，孩子们利用香蕉和牙签进行探索，搭建了一座座香蕉桥。	动手操作，有利于发展幼儿的动手能力和观察能力，也有利于发展数学能力和逻辑思维能力。	幼儿对桥梁的承重非常感兴趣，他们对不同的桥梁进行了承重实验，并进行了结果记录。	通过观察和实践，幼儿的观察能力和记录水平有了进一步的提升，也学会了大胆猜测和质疑。

续表

	活动图片	教师评价分析儿童的发展	活动图片	教师评价分析儿童的发展
项目活动结束阶段	班级幼儿进行"未来的桥"设计大赛	幼儿以图画表征的形式对桥梁进行设计展示。通过积极参与，幼儿的想象力、动手能力得到进一步提升。	班级幼儿进行桥梁设计赛，并对作品进行了投票。	班级进行亲子桥梁大赛评选，在幼儿介绍分享后进行投票。幼儿通过表述和投票，锻炼了语言表达和数学统计能力。

四、结语

在本次项目活动开展的过程中，我们以幼儿的问题为契机，在多种资源的贯穿和支持下完成了一个个活动，解决了孩子们想要探寻的问题，使幼儿的主动性和积极性有了很大的提升。对于中班幼儿来说，这一次的活动有挑战，也让他们完成了挑战，也使我们找到了孩子的最近发展区。这些经验是值得我们借鉴的。但也使我们看到，我们的活动资源组成比较简单，还有很多可利用的资源等待我们挖掘和利用。带着这样的遗憾，我们会在下一次的项目活动中不断完善和提升。

分类三　自然探究

项目活动名称：与泥相遇

项目实施班级：叮当猫（大班）

项目开展周期：四周

项目记录人：李小玲

一、项目活动介绍篇

(一) 项目活动来源

叮当猫班级开展种植园活动，孩子们带着工具走进菜园地。在种植蔬菜的过程中，孩子们观察到泥土里有蚯蚓、虫子、垃圾……大家你一言我一语地讨论起来，"老师，这地里有好多蚯蚓呀!""那边的地里种了蔬菜啦。""咦，为什么这里的泥巴这么软，那里的好硬啊……"原来，在这个泥土里有这么多我们不知道的事情……孩子们对泥产生了很大的好奇心，为了追随孩子们对泥土的兴趣，我们决定和孩子一起踏上"与泥相遇"之旅。

(二) 项目活动准备

1. 经验准备

(1) 探索、发现泥土的多样性和特征以及泥土的作用。

(2) 乐于参与陶艺活动，大胆将内心感受表现在作品中，体验其中的乐趣。

(3) 愿意大胆尝试，并与同伴分享自己的发现与心得。

(4) 亲近自然和身边的人，喜欢发现问题并去探究。

(5) 见过泥土，简单了解泥土。

2. 材料准备

问题清单、调查表，各种泥土、放大镜、瓶子、记号笔，白纸若干、胶布。

3. 环境准备

教室科探区墙面及区角，沙池湿沙区，水世界，冒险林。

(三) 项目活动的推进

利用多种方法收集身边资源，为有效开展项目活动做准备，我们着重从以下三个方面进行：物质资源、人力资源、信息化资源。我们希望通过资源开发，推动班级项目活动、科学活动及其他活动更好开展；希望通过运用项目活动资源开发培养幼儿的科学素养，引导幼儿进一步了解科学，主动探究更多的科学知识，学会发现问题，学会收集资料，积极动手动脑，并学会做简单的记录。希望幼儿能够克服困难，运用多种方法解决问题。我们首先将重点放在资源收集上，通过资源收集尽量满足孩子们的探索需要，完成项目探索活动任务。

具体做法是：

1. 寻找孩子们的兴趣、关注点。

2. 利用头脑风暴确立项目主题。

3. 引导幼儿运用多种方法收集资料。

4. 通过集体探索、小组探究、亲子探究开展活动。

5. 利用身边资源解决项目活动中的问题。

6. 积极进行探索分享。

二、教师策略篇

（一）操作与探索阶段——利用交流支持表、调查表、资源表

项目活动师幼交流支持表

（教师以参与者、引导者的身份与幼儿对话交流，支持幼儿的探索）

温江区实验幼儿园叮当猫班项目活动师幼交流记录表			
交流时间	交流地点	交流对象	交流方式
2022.5	教室	全班幼儿	同伴式交流
	交流对话内容		
	"老师，你快过来。"听到有小朋友喊我，我赶忙走过去。原来，果果他们做了满满一桌子有趣的泥塑作品，喊我和小朋友们一起欣赏。我看见桌子上摆了很多作品，凑近一看，都捏得有模有样。我问他们："这些都是谁做的呀？"悠悠小朋友告诉我说："是我们一桌小朋友合作捏的。""是这样的呀，那可不可以介绍一下都有什么呢？"程程说道："我捏了一个可爱的小狗。"果果说："我捏了个小蜗牛，其他的是他们捏的。"徐一沐迫不及待地分享自己做的作品："老师，你看，我还做了马卡龙点心呢。"孩子们很有想法，能根据自己的意愿塑造物体，我看到孩子们的表现也很开心。		

续表

教师分析与反思	大班幼儿的思维以具体形象思维为主。在制作泥塑的过程中，他们通常会根据自己的经验去做。教师应引导幼儿通过直接感知、亲身体验和实际操作进行学习，不应对幼儿进行灌输和强化训练。孩子们在泥塑创作中遇到困难时，老师可以等一等，不要马上告诉他们答案。孩子们尝试的过程也是他们学习的过程。有时老师直接告诉孩子们怎么去解决问题，在孩子头脑中不一定能留下深刻印象，通过自己操作、比较而得出结论更能让孩子们记住。
交流对话内容	
	今天的自主泥塑活动开始了，孩子们的兴致都很高，拿到陶泥后都迫不及待地开始创作自己的作品。在揉泥的过程中，有的小朋友觉得泥巴太黏了，迟迟不肯动手。他们开始讨论起怎样让泥巴变得不黏。有的小朋友说可以让空调吹一吹，有的小朋友说放在外面太阳底下晒一晒，小朋友们你一言我一语地讨论着。我问道："你们还有没有什么更好的办法呢？"这时果果小朋友说："我们可以放在手里揉一揉，过一会儿就不黏了。你们试一试。"其他小朋友学着果果的样子，开始把陶泥放在手里揉起来。果然，陶泥放在手里揉一会儿之后，真的不黏手了！
教师分析与反思	儿童的发展是一个循序渐进的过程。有的小朋友遇到困难或问题，可能会停滞不前，这时作为老师应给予适当引导。老师应尊重每一个幼儿的想法，还应给予他们充分的鼓励和肯定，保护他们的创作欲望。

三、幼儿操作路径篇

（一）陶泥亲子制作

（二）欣赏绘本《揭秘地下》

（三）装饰项目墙"与泥相遇"

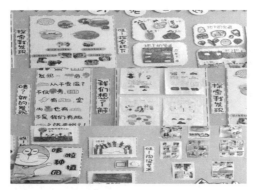

1. 户外探究：各种各样的泥土

2. 为陶泥上色

3. 探索地下——地下植物有哪些

四、评价分析篇

成都市温江区实验幼儿园班级项目活动课程故事记录表

项目名称	与泥相遇		项目类别	主题项目活动	
项目周期	60天	年龄段	5—6岁	记录人	李小玲、何春燕
项目活动目标	1. 探索、发现泥土的多样性及特征以及泥土的作用。 2. 乐于参与陶艺活动，大胆将内心感受表现在作品中，体验其中的乐趣。 3. 愿意大胆尝试，愿意与同伴分享自己的发现与心得。				

项目活动课程故事 （从项目来源、推进到结束都详细记录）	资源开发中的教师策略	资源开发中的儿童策略	儿童发展
1. 项目起源 叮当猫班开展种植园活动，孩子们带着工具走进菜园地，在种植蔬菜的过程中，孩子们观察到泥土里有蚯蚓、虫子、垃圾……大家你一言我一语地讨论起来，"老师，这地里有好多蚯蚓呀。""那边的土里种了蔬菜啦。""咦，为什么这里的泥巴这么软，那里的好硬啊……"原来，泥土里有这么多我们不知道的事情……孩子们对泥土产生了很大的好奇心，为了追随孩子对泥土的兴趣，我们决定和	①《幼儿园教育指导纲要（试行）》指出：教师应善于发现幼儿感兴趣的事物中隐含的教育价值，把握时机，积极引导。通过观	① 小组探究：孩子们主动分享交流自己的发现和心得，通过讨论与身边的小朋友发生思维碰撞，再根据已有经验解决问题。	①在讨论过程中幼儿的发散思维得到激发，幼儿的主动思考的能力以及语言表达的能力得到了发展。

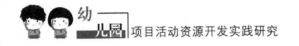

孩子们一起开始与泥相遇之旅。 针对孩子们的所思所想，我们罗列出了以下问题： 1. 泥土有哪些种类？ 2. 泥土下面是什么样子的？ 3. 为什么泥土有那么多颜色？ 4. 为什么泥土上可以种树？ 5. 泥土对人类有什么作用？ 老师："关于泥土，我们都知道些什么？有哪些困惑呢？" 越越小朋友提议，"我们来开个问题讨论会吧！" 老师和幼儿一起将幼儿已有经验和想要探究的问题进行了初步的整理，孩子们拿着放大镜通过嗅觉、视觉和触觉认真观察着不同的泥土。 悦悦：泥土可以种植，泥土有不同颜色，有红色、黄色、黑色、红色的。 果果：泥土可以建房子、修补漏洞。 丫丫：多肉盆里的土是大颗粒的。 浩浩：泥土细细的，有点像沙子…… 2. 项目进展 孩子们对泥土到底了解多少呢？我们利用家长资源设计了一份"泥土大调查"表，孩子们在爸爸妈妈的引导与帮助下用绘画的方式完成了"泥土大调查"问卷表。通过调查表我们了解了孩子们对于泥土的已知经验，他们知道泥土的种类有哪些，泥土里面有什么。 我们的故事继续演进着，孩子们带着他们的问题和想法，主动去寻找自己想要了解的内容，通过"想""找""看""摸""做"，孩子们不断探索着、实践着…… 湘湘：草坪里的泥土好像有点黑黑的，脏脏的！ 辰辰：对对对，我在小树林也感觉泥土脏脏的。 月月：可是我们之前下去散步的时候我	察了解班级幼儿状况和兴趣点，善于收集课程所需的资源，推进项目活动的进行。 ② 人力资源：在活动过程中，教师充分利用家长资源，调动家长参与项目活动的积极性，让家长和孩子一起完成了亲子调查表。	②幼儿在父母的帮助下完成调查表，挖掘身边的人力资源。各位家长的职业不同，对泥土的了解和认识都不同，让幼儿完成调查表后带到班级分享，对于幼儿学习泥土的新知识具有促进作用。	②幼儿通过自身实践，发展了动手能力，在与同伴合作时，发展了倾听能力及合作能力等。 ③幼儿以图文并茂的方式完成了调查表，此过程不仅锻炼了幼儿的绘画水平，也增进亲子之间的关系。 ④通过观察与讨论，孩子们知道了泥土有红土、黑土、黄土、沙土等不同种类，有的成块，比较坚硬，像个石头；有的松

看到草坪里的泥土都是黄色的，我们果园的土好像也是黄色的。 难道不同的地方，泥土不一样吗？带着这样的疑问，我们又在幼儿园开启了新一轮的探秘之旅…… 孩子们发现不同地方的泥土是不一样的，颜色不同，泥土的形状也不同，于是我们找来了各种各样的泥土，带领幼儿观察，让他们摸一摸，闻一闻，看一看，观察比较泥土的不同。 通过观察与讨论，孩子们知道了泥土有红土、黑土、黄土、沙土等不同种类，有的成块，比较坚硬，像个石头；有的比较松散，软软的像棉花糖；有的摸上去很扎，就像仙人掌。	③教师发现幼儿园种植区有许多的不同的泥土，便充分利用园内的物质资源引导孩子们观察了解不同种类的泥土。	③物质资源：幼儿自由探究幼儿园内可以利用的资源，发现多肉盆里、大树下、种植区的泥土都不相同。	散，软软的像个棉花糖；有的摸上去很扎，就像仙人掌。也知道了每种泥土都有各自的特点及作用。在探究泥土的过程中，孩子们有了新的发现，并能够积极分享自己的发现，体验到了发现并解决问题的愉悦感与成就感。
在了解泥土之后，睿睿小朋友提出了这样一个问题：泥土下面的世界是什么样子的呢？这引发了大家强烈的好奇心，有的孩子说地下有很多植物的根，土豆和花生就是埋在地底下的，有的孩子说地下有很多的动物，蚂蚁和老鼠还有蚯蚓就生活在地底下，还有的孩子说地铁就是在地下，地下还有很多的管道。孩子们的激烈讨论中使我想到有一本书就叫《地下》。在孩子们对泥土下面的世界感兴趣的时候，我们一起欣赏了绘本《地下》。 泥土下的世界是什么样子的？通过阅读绘本《地下》，我们了解到泥土下的世界丰富多彩，不仅有植物的根，各种各样的动物，各种管道，还有很多宝藏。《地下》颠覆了我们对泥土的普遍认识，让我们感觉到泥土世界越发神奇和精彩，更想进一步探究。 这时洋洋提出了困惑："老师，地下有那么多植物，但是这些植物是怎么长出来的呢？为什么有的农作物需要专门的营养土，它们有什么不一样？"为了探究这个问题，我们阅读了绘本《它们是怎么长	④在了解泥土之后，睿睿小朋友提出了一个问题：泥土下的世界是什么样子的呢？针对孩子的问题，教师想到班上有本书叫《地下》，这本书里有关于地下的丰富知识。	④引导幼儿通过绘本自主性进行观察，客观、分析，了解泥土下的世界。	⑤通过阅读绘本《地下》，我们了解到原来泥土下的世界这么丰富多彩，不仅有植物的根，有各种各样的动物，有各种管道，还有很多宝藏。《地下》颠覆了幼儿对泥土的普遍认识，让幼

续表

出来的》，并在书中找到了答案。泥土中含有丰富的营养元素，我们在种蔬菜时要考虑阳光和水，保持一定的光照和湿度，这样蔬菜才能茁壮生长。那么，泥土除了可以种植以外还有什么作用呢？我们通过上网查阅，引导孩子们知道了泥土的作用： 1. 泥土可以用于建筑行业，用来建筑堤坝、盖房子。 2. 泥土可以为植物提供营养，优质的泥土可以让植物茁壮成长。 3. 泥土还可以作为一些菜肴的工具，做叫花鸡的泥土可以保护鸡的香味。 4. 泥土可以制作工艺品，制成很多精美的东西。	⑤组织幼儿参与社会实践活动，了解泥土的性能用途，感知其不同的特性。 通过多媒体技术，收集资料，引导孩子们了解泥土的作用。		儿觉得泥土的世界越发神奇和精彩，更想进一步探究。 ⑥通过阅读绘本，幼儿习得了以下经验：
孩子了解到泥土的作用之一就是可以做陶艺后非常兴奋，纷纷表示想做出自己独一无二的陶艺作品。在爸爸妈妈的帮助下，我们开始了黄泥陶艺的制作。第一次活动中，孩子们发现陶泥把手总是会掉，在自发讨论后，他们觉得给陶泥加水可以解决这个问题，于是他们动手开始尝试。从孩子们七嘴八舌的讨论中可以看出，大班幼儿已经具有解决问题的能力。通过上网调查资料，孩子们发现了陶泥作品开裂的原因有以下三条： 1. 陶泥被风吹到或者长期暴露在风里会裂。2. 捏陶泥的时候不能有些地方很厚，有些地方很薄。3. 做好的陶泥作品要放在阴凉的地方，不能放在太阳底下暴晒。通过陶艺制作，孩子们手、眼、脑并用，把自己的想象和从外界感受到的信息转化为具象的东西，从朴素的泥巴中尝试去发现美，并予以实现。 陶泥作为我国传统的民间艺术，已有上千年历史。生活中的陶泥制品——碗、勺、碟、瓶、罐随处可见，离孩子们的生活经验很近，材料取自泥土，是大自然送给孩子们探究的最好礼物。在老师	⑥多渠道与家长沟通，充分利用家长资源，让家长更好地了解项目活动的内容、进程，为项目的推进做支撑。	⑤幼儿与家长一同完成亲子制作。通过上网调查资料，发现陶泥作品开裂的原因。幼儿总结、分析第一次制作陶泥失败的原因，为第二次亲子制作做准备。	泥土中含有丰富的营养元素，在种蔬菜时要配合阳光和水，保持一定的光照和湿度，这样蔬菜才能茁壮生长；种蔬菜的流程及播种需要的工具很有讲究，种蔬菜是非常需要耐心和精力的一个过程；我们要珍惜粮食和蔬菜，不浪费饭菜。

讲解，观看视频和真实触摸后，孩子们不禁感叹：没想到坚硬漂亮的陶器居然是软软丑丑的泥制成的，对陶泥充满了好奇。 从偶然发现泥土的不同种类，到中间不断积累泥土知识，再到最后陶泥制作，我们班每个孩子都收获满满，开心地结束了这段项目活动旅程。 3. 项目总结 一开始，我们从小朋友的兴趣和好奇心出发开展了泥土项目活动，通过激荡他们的思绪，引导他们尝试去接触、感受玩泥土的乐趣，促使他们愿意去探索泥土的魅力。我们一起充分领略了泥土下的丰富世界，了解了泥土可以做很多事情，孩子们一直保持极大的兴趣，积极主动参加各项活动，获得了关于泥土的知识及其他领域的经验，并收获了很多精彩的作品。		⑦播放视频，引导孩子们了解泥土的其他作用：泥土可以用于建筑行业；泥土可以为植物提供营养；泥土成为制成很多精美的东西。 ⑧幼儿展示自己的作品，分享交流自己的收获。

参考文献

［1］王淑娟. 美国中小学项目式学习：问题、改进与借鉴［J］. 基础教育课程，2019（11）：70—78.

［2］Petrie K. Enabling or limiting：The role of pre—packaged curriculum resources in shaping teacher learning［J］. Asia—Pacific Journal of Health，Sport and Physical Education，2012，3（1）：17—34.

［3］墨雪梅. 幼儿园园本课程资源开发存在的问题、原因与对策［D］. 昆明：云南师范大学，2006.

［4］贾周芳. 课程改革背景下幼儿园户外课程资源的开发与利用［J］. 2020（6）：71—73.